Regine Sonnleitner

Seelenfresser
Wie viel ein Mensch ertragen kann

Regine Sonnleitner

Seelenfresser

Wie viel ein Mensch ertragen kann

Rediroma-Verlag

Bibliografische Information der Deutschen Nationalbibliothek:
Die Deutsche Nationalbibliothek verzeichnet diese Publikation in der Deutschen Nationalbibliografie; detaillierte bibliografische Daten sind im Internet über http: //portal.dnb. de abrufbar.

ISBN 978-3-98885-215-1

Fotografien © by Heike Stazlick
Umschlag: © by Dietmar Herberth

www.rediroma-verlag.de
14, 95 Euro (D)

Warnung

Dieses Buch ist nichts für schwache Nerven.
Es beschreibt viele Formen von Missbrauch, Gewalt, Drogen und explizite Inhalte in detaillierter Ausführung. Leseempfehlung ab 18 Jahren wäre falsch, denn hier geht es um eine Seite des Lebens, mit der in heutiger Zeit schon Jüngere konfrontiert werden.
Ich bitte dich darum, das Vorwort gewissenhaft zu lesen.

Inhaltsverzeichnis

Autorin Regine Sonnleitner

Ich bin so vielschichtig, dass es schwerfällt, hier einen kurzen Einblick zu mir zu geben. Seid so lieb und schaut auf meiner Homepage vorbei: www.regine-sonnleitner.de. Dort erfahrt ihr mehr über mich und meine Bücher.

Warum habe ich jedoch dieses Buch geschrieben? Ich bin jemand, der lange geschwiegen hat und mit der schweren Last lebte. Als ich nach 35 Jahren in meiner Autobiografie das erste Mal offen über meinen erlebten Missbrauch in jungen Jahren schrieb, erfuhr ich, wie verurteilend und falsch Menschen denken. Doch ich merkte auch, dass es sehr viele Menschen gibt wie mich, die schweigen und still leiden. Ich habe dem Druck standgehalten, doch viele schaffen es nicht.

Deshalb entschloss ich mich, diesen Menschen eine Möglichkeit zu geben, ihre Last leichter zu machen, ohne angreifbar zu sein. Meine Werte sind meine Stärke. Ich trage tiefe Narben aus meinen Kämpfen im Leben, jedoch stehe ich heute noch hier und lächle. Ja meine Seele und mein Herz haben bei manch einer Geschichte geblutet, jedoch ist es das wert gewesen.

Ich zolle jedem Einzelnen Respekt – für diese Kraft.

Denn wir haben alle überlebt. Wie? – lest selbst.

Vorwort

Ein Buch zu schreiben mit einer fiktiven Geschichte ist eine Sache von Fantasie, Recherchen und Vorstellungskraft und nicht leicht, doch Tatsachen zu Papier zu bringen erfordert weit mehr.

Die folgenden Geschichten haben mir beim Zuhören und Schreiben vieles abverlangt.

Ich bitte dich darum, sie respektvoll dem Betroffenen gegenüber zu lesen.

Mit diesem Buch kann man nicht die Welt retten, aber wenn ein kleiner Prozentsatz intensiver hinschaut und vor allem reagiert statt ignoriert, dann ist das ein großer Erfolg.

Lies gewissenhaft und nimm von jeder einzelnen Geschichte das mit, was dir hilft, besser die Anzeichen zu erkennen.

Es gibt Geschichten, die sollten erzählt werden, denn es sind Geschichten, die im Verborgenen passieren.

Es sind diese Geschichten, die keiner hören möchte. Die jeder ausschweigt.

Es sind Tabuthemen, die keine sein sollten.

Es ist Leid und Schmerz, was sich durch diese Geschichten zieht.

Sie machen einen Menschen aus uns, der von vielen missverstanden und verurteilt wird, und was ewig bleibt, sind die ungeweinten Tränen, die verborgenen Narben im Inneren und die zerfressene Seele.

Viele schweigen es aus. Teils aus Scham, Schuldgefühlen und teils, weil sie zu dem Zeitpunkt gar nicht realisierten, dass es sich um Missbrauch handelte.

Diesen Menschen gebe ich auf den folgenden Seiten eine Stimme. Die Möglichkeit, ihre Geschichte zu erzählen, ohne angreifbar und verurteilt zu werden. Es ist ein kleiner Teil, leider gibt es sehr viele, die es ungesagt im Inneren mit sich herumtragen. Sie bleiben anonym, auch in ihren Geschichten, doch indem ich sie niedergeschrieben habe, mache ich ihre Erlebnisse sichtbar.

Man sagt immer: „Mir kann das nicht passieren." Doch glaube mir – Missbrauch ist wie der Tod, er kann plötzlich über dich kommen.

Schonungslos und brutal ehrlich berichte ich ihren Leidensweg. Der Rabe steht als Kraftsymbol – denn er bringt das verborgene ans Licht.

So verschieden die Geschichten auch erscheinen, eines haben sie gemeinsam, denn alle stehen heute noch hier und haben überlebt. Sie haben sich zurück ins Leben gekämpft. In ein Leben, dass jedoch viele Narben in sich trägt.

Sei kein „Opfer" deiner Vergangenheit – steh auf, zeige deine Stärke und kämpfe.

Es gibt immer einen Ausweg – auch wenn Narben zurückbleiben – gib nie auf.

Definition Missbrauch

Was ist Missbrauch? Das deutsche Recht sagt Folgendes: „Jede üble und unangemessene Behandlung eines anderen Menschen (oder Tieres), die dessen körperliche Unversehrtheit oder das körperliche Wohlbefinden mehr als nur unerheblich beeinträchtigt.“

Zu Missbrauch zählen:
Körperlicher Missbrauch,
Sexueller Missbrauch,
Psychischer Missbrauch und
Vernachlässigung

„Die Würde des Menschen ist unantastbar.“
Grundgesetz 1

Weiß du, was erschreckend ist? Dass es eine enorm hohe Zahl gibt, die es einfach verschweigt. Warum? Weil viel zu oft die Betroffenen zu Verurteilten gemacht werden. Man sucht die Schuld bei den Betroffenen. Warum und wieso sie in diese Situation geraten sind, interessiert nicht. Man kernt sie aus, stellt sie an den Pranger und dreht das Messer in der Wunde. Hier ist die Aussage „unangemessene Behandlung. . .“nichtig.

(Ich benutze ungern das Wort Opfer. Denn der Ursprung dieses Ausdruckes ist eine Opfergabe, die freiwillig gegeben wurde. Erst viel später wurde der Geschädigte einer Straftat als Opfer bezeichnet.)

Obsidian

„Augen sind die Seele eines Menschen, schau in sie hinein und du weißt, wer vor dir steht.“

(Verfasser: unbekannt)

EinBlick

Ich stehe vor dem Spiegel. Schaue mich an und doch sehe ich nicht das, was andere sehen.

Ich sehe mich. Meine Person, mein Wesen, mein Lachen, meine Grimassen, wenn ich mich dazu herablasse. Ich sehe die Schönheit meiner Fassade. Ich sehe mir selbst in die Augen und darin spiegelt sich das, was mich ausmacht.

Doch stopp – heute sehe ich nichts mehr in dem Spiegel, denn ich bin verschwunden. Meine Hülle ist nur noch das Haus meiner Seele. Die Witterung, die Einflüsse von außen haben sie teils gestärkt, jedoch auch teils beschädigt.

Meine Augen blicken mich an und ich weiche ihnen aus. Denn ich habe Angst, dass das, was in den Tiefen verborgen ist, ans Licht kommt. Ich pflege die Hülle, um zu verbergen.

Warum? – Weil für die Menschen verurteilen wichtiger und leichter ist, als die Tatsachen und vor allen den Schmerz zu sehen.

„Verflixt, die Strümpfe kann ich gleich wegschmeißen.“ Das erste Paar Netzstrümpfe landet im Müll. Genervt nehme ich neue aus der Schublade. Vorsichtig ziehe ich sie mir an. Noch Stulpen an die Knöchel, in die Stiefeletten geschlüpft, meinen neuen kurzen Tellerrock und das bunte Top angezogen, bauchfrei versteht sich. Hektisch noch Kopf nach unten, Haare mit Lack fixieren und Stirnband, um das Outfit abzurunden. Jeansjacke nicht vergessen. Ich bin schon fast zur Tür draußen, als mir einfällt, dass ich den Lippenstift vergessen habe. Also kurz zurück und die neue knallig rote Farbe auftragen. So, perfekt für einen coolen Abend in den 80ern mit meinen Freundinnen.

An der Haustür hält mich meine Mutter noch auf. „Pass auf dich auf und viel Spaß“, ruft sie mir nach.

Winkend erwarten mich meine zwei Freundinnen auf dem Gehsteig. Wir haben es nicht weit. Das Stück können wir laufen. Im Dorf gibt es einen Pub, dort läuft immer megageile Mucke und einen Billardtisch gibt es auch. Einfach etwas abhängen, was man eben so Freitagabend macht.

Als wir ankommen, wummert uns schon die Musik entgegen und kaum durch die Tür, sind wir mittendrin. Wir hängen unsere Jacken an die Garderobe und schlängeln uns unseren Weg an die Bar. Der Tresen ist klein und die wenigen Barhocker sind besetzt, doch mit ein bisschen Ellbogen haben wir es bald geschafft und uns ein Plätzchen ergattert.

„Was wollt ihr trinken?“, erklingt die Stimme vom Barkeeper.

Kichernd schauen wir uns an und bestellen eine Runde Bier. Seit ich volljährig bin, seit einer Woche, genieße ich hin und wieder gerne ein Fläschchen. Obwohl meine Eltern anderer Ansicht sind und mir immer in den Ohren liegen, dass man erst mit 25 volljährig ist und nicht mit 18 Jahren. Die Musikbox dröhnt laut, sodass wir uns nicht richtig unterhalten können, doch es macht mehr Spaß zu beobachten. Im offenen Nebenraum spielt eine Gruppe Jungs Billard. Sie sehen immer wieder zu uns und wir lachen ihnen entgegen. Ein cooler Song wird gerade gespielt und meine Freundinnen ziehen mich auf die kleine Fläche im Raum. Wir tanzen ausgelassen, werfen die Arme in die Luft. Es ist so ein geiles Gefühl. Tanzen, Spaß, einfach verrückt und losgelöst zu sein. Kichernd und atemlos schwingen wir uns auf die jetzt freien Barhocker. Der Barkeeper stellt drei Gläser vor uns. „Hier, für die süßen Mäuse.“ (*Komisch, dass er uns Mäuse nannte, das weiß ich noch genau.*)

Wir schauen ihn an und er nickt in Richtung Billard. Als ich meinen Kopf drehe, schauen uns die Jungs an. Sie prosten uns zu und wir schnappen unsere Gläser und prosten ausgelassen zurück. Wow, haut das Zeug rein. Irgendetwas Hochprozentiges. Doch egal, ex und weg. Es ist mittlerweile megavoll. Alle stehen eng an eng und man kann kaum noch etwas sehen. Meine Freundinnen stupsen mich an und zeigen mir in Zeichensprache, dass sie aufs WC gehen. Ich schüttle den Kopf und lass sie ziehen. Sie werden schon wiederkommen.

Neben mir erklingt eine Stimme. „Na, süßer Feger, Lust auf ein Match?“ Vor mir steht einer der Kerle vom Billardtisch. „Hey, mach mal noch zwei Shots, für mich und die Lady“, ruft er dem Barkeeper zu. *(Das höre ich heute noch)*

„Komm mit nach nebenan“, fordert er mich auf. Ich sehe mich um. Von meinen Freundinnen ist noch nichts zu sehen. „Meine Freundinnen erwarten, dass ich hierbleibe“, sage ich.

„Ach, komm, die finden dich, ist ja nicht so, dass du die Bar verlässt.“

Da hat er auch wieder recht und ich nehme meinen Drink und lass mich von ihm durch das Gedränge führen. Am Billardtisch angekommen, begrüßen mich seine Kumpels.

„So, du bist jetzt meine Glücksfee.“ Mit diesen Worten hebt er mich auf den Tisch. Dann stößt er mit mir an und wir exen den Shot weg. Sofort hatte ich wieder ein Glas in der Hand. Ich schau mich um und sehe meine Freundinnen tanzen, sie blicken in meine Richtung und heben kichernd den Daumen. Das Spiel um mich herum neigt sich dem Ende zu und immer wieder berühren mich die männlichen Körper, wenn sie ihren Queue ansetzen. Der Raum ist wie in Watte gepackt und ich exe mit dem Nächsten einen Shot weg. Nebenher wehre ich Hände ab, die mir unter den Rock fahren wollen.

„Hey, Babe, nicht so prüde, komm, lass uns Spaß haben.“

Ich schüttele meinen Kopf und sofort wird mir schwindelig. Wie durch den Nebel höre ich, wie einer sagt: „Ich glaube, die ist bereit.“ *(Das höre ich heute noch.)*

Plötzlich liege ich auf dem Billardtisch. Meine Hände werden nach oben gehalten und ich merke, wie mir jemand die Strumpfhose in die Kniekehlen zieht.

„Nein“, hauche ich, denn meine Stimme hat mich verlassen. Mein Kopf ist nebelig und ich verstehe nicht, was hier passiert. Ich spüre den Schmerz, als der erste gewaltsam in mich eindringt, will schreien, doch eine Hand legt sich über meinen Mund. Meine Beine werden festgehalten. Ich merke den Griff an meinen Knöcheln. Es brennt zwischen meinen Schenkeln und ich versuche, dem zu entkommen, doch ich schaffe es nicht. Als der nächste seinen Schwanz in mich steckt, höre ich die Anfeuerungen. Als ein weiterer über mich kommt und auch noch nach meiner Brust grapscht, gebe ich auf. Wo sind meine Freundinnen? Warum hilft mir keiner? Ich falle. Meine Seele fällt und meine Hülle bleibt zurück. Es wird schwarz und hier enden meine Erinnerungen daran.

Zwei Arme ziehen mich hoch. „Hey, da hast du dich aber richtig abgeschossen.“

„Komm, wir bringen dich nach Hause.“

Wie durch eine Nebelwand höre ich die Stimmen meiner Freundinnen. Ich schluchze auf. „Wo bin ich?“

„Na, das war einer zu viel. Die Jungs haben dich zu uns gebracht, du bist wohl umgekippt.“

„Nein“, stammle ich, doch dann schweige ich, drehe meinen Kopf und kotze erst mal. Sie ziehen mich wieder hoch und schwankend führen sie mich nach Hause. An der Tür nehme ich meine letzte Kraft zusammen und schleiche ins Haus und in mein Zimmer. Ich falle aufs Bett und breche zusammen. Ich spüre den Schmerz zwischen meinen Beinen pochen und flitze ins Bad. Ekel überkommt mich und ich stelle mich in voller Montur unter die Dusche. Langsam schäle ich mich aus meiner Kleidung und schrubbe mich, bis meine Haut rot ist. Schlagartig bin ich wieder nüchtern. Shit, ich sehe, wie mein ganzes Elend im Abfluss verschwindet. Was soll ich jetzt bloß tun?

Ich stehe vor dem Spiegel. Meine Augen blicken mich an und doch sehen sie mich nicht. Sie sehen durch mich hindurch. Schweigen – schweigen und ertragen. Ich habe zu viel getrunken. Ich war zu aufreizend gekleidet – oder nicht? Es ist schließlich die Mode und alle haben es an. Peinlichkeit überkommt mich. Wie viele haben zwischen meine Beine gesehen? Der Laden war voll. Ich kann da nie mehr hingehen. Weinend breche ich zusammen.

Am nächsten Tag verkrieche ich mich mit Kopfschmerzen in meinem Zimmer. Mama kommt vorbei und fragt, was ich habe. Ich sage ihr, dass ich was ausbrüte und im Bett bleibe. Es wird akzeptiert. Ich bekomme Fieber und hüte eine Woche das Bett. Dann beiße ich die Zähne zusammen und verstecke dieses Erlebnis in meinem tiefsten Inneren. Ich lebe weiter – doch in meine Augen kann ich mir selbst nicht mehr blicken.

Sehr lange hat es gedauert, bis ich soweit war, wieder auszugehen. Ich war der Meinung, dass ich daran schuld war.

Dass es eine Vergewaltigung war, erkannte ich erst Jahre später. Denn sobald es nicht freiwillig ist, ist es Missbrauch. Es war nicht freiwillig. Ich war betrunken und sie hielten mich fest. Sie nutzten es aus.

Heute denke ich sogar, dass mir etwas ins Glas gemischt wurde. Warum niemand eingriff, verstehe ich bis heute nicht. Die Bar war brechend voll, doch keiner interessierte sich für mein Leid oder sie schauten einfach weg. Warum ich es nie angezeigt habe? Wie sollte ich – alles sprach gegen mich. Ich war aufreizend gekleidet, habe getrunken und es machte doch für alle, die den Kopf in den Sand stecken, den Eindruck, dass ich willig war und Gefallen daran gehabt hatte. Noch heute bekomme ich Panik, sobald ich einen vollen Raum betrete. Noch heute weint meine Seele, in den Tiefen meiner Augen verborgen.

NEIN bleibt NEIN.

Was will ich damit erreichen, dass ich jetzt meine Geschichte erzähle? Missbrauch und Vergewaltigung finden nicht alleine im Verborgenen statt. Schaut hin und nicht weg. Öffnet eure Augen und vor allem handelt – ein Anruf genügt. Heute hat jeder ein Handy – das gab es früher noch nicht und doch, wenn einer hingesehen hätte – vielleicht hätte man mir einiges erspart.

Ich habe überlebt *1966

Amethyst

„Seele des Menschen, wie gleichst du dem Wasser. Schicksal des Menschen, wie gleichst du dem Wind.“

J. W. v. Goethe

EinBlick

Vor mir zwei Augen. Sie starren mich an. Ich sinke in die Tiefe, werde hineingezogen. Augen leer und traurig. Einsam, hilfesuchend blicken sie mir entgegen.

Doch was soll ich tun?

Ich bin noch ein Kind. Was kann ich schon tun, um ihnen zu helfen?

Sie faszinieren mich, halten mich gefangen. Es ist, als würde ich mich in ihnen verlieren. Ganz langsam bewegt sich meine Hand nach vorne, doch sie trifft nur auf kaltes Glas. Hastig ziehe ich sie zurück. Eine einzelne Träne löst sich aus einem Auge, hängt glitzernd an den Wimpern und versetzt den Blick in ein schimmerndes Licht.

Warum reden sie nicht mit mir und sagen mir, wie ich ihnen helfen kann?

Warum blicken sie mich nur starr an, mit diesem unheimlichen, traurigen Ausdruck. Haben sie die Hoffnung schon aufgegeben? Sich ihrem Schicksal ergeben? Sie schweigen mich an und trotz allem sagen sie so viel. Sie schreien, sie flehen und sie sehen mich.

Warum sieht sie kein anderer?

Starr halte ich dem Blick stand.

Ich stehe im dunklen Zimmer. Wieder einmal bin ich hier. Einfach durch die Tür geschoben und sie wurde hinter mir geschlossen. Nur ein Wort: „Warte.“

Langsam sehe ich mich um. Die Wände sind alt. Stellenweise hängt die Tapete in Fetzen herunter. Das Fenster ist dreckig und man kann kaum hindurchsehen. Kommode, Stuhl, Tisch, ein Bett. Ein paar gebrauchte Tassen stehen auf der Fensterbank. Innerlich bekomme ich eine Gänsehaut. Es ist kalt und ich schlage die Arme um mich. Dabei fällt mein Blick auf den Boden. Na ja, Boden … er ist auch schmuddelig. Meine Mutter legt viel Wert auf Sauberkeit, doch hier würde sie wahrscheinlich einen Anfall bekommen.

Ich wippe auf meinen Fußsohlen etwas hin und her. Vielleicht hilft es gegen die Kälte. Auf und ab, auf und ab… Das Warten ist öde. Ich spaziere etwas im Zimmer herum und bleibe vor der Kommode stehen. Ein Rahmen, ein Bild hängt darüber. Ich strecke meine Hand danach aus. Ist das etwa… Aufgeregt wische ich. Nehme den Schmutz weg, stolpere zurück und erstarre. Da sind sie wieder. Sie verfolgen mich. Was machen sie hier? Warum schauen sie mich immer so leer an? So hoffnungsvoll und doch so hoffnungslos. Fassungslos weiche ich zurück und setze mich auf das Bett.

Die Tür hinter mir geht auf. Die Scharniere quietschen. Mein Blick fällt auf meine Hände, die ich in meinen Schoß gefaltet habe. Mein Albtraum beginnt.

Wer ich bin?, fragt ihr euch jetzt sicher. Ich bin niemand, acht Jahre alt. Nicht wertvoll für diese Welt. Nicht gesehen und nicht wahrgenommen. Bin ich voller Angst, Wut, traurig, einsam? Ich wohne in einer ganz normalen Durchschnittsfamilie. Meine Eltern arbeiten und ich habe ältere Geschwister. Mehr bedarf es nicht zu wissen.

Eine Gänsehaut fährt über meinen kleinen Körper. Es ist immer das gleiche Gefühl. Schaurig und eisigkalt. Zwei Schuhe kommen in mein Blickfeld. Alt, zerschlissen, beschmutzt mit Erde. Ich traue mich nicht, aufzublicken. Mein Herz wummert in meiner Brust. Absolute Stille schließt mich wie in einen Nebel ein. Dann höre ich das Geräusch meines Albtraums. Ratsch…

„Blick auf, Kleiner. Sieh ihn an. Du weißt, was du zu tun hast."

Tief atme ich durch. Kurz schließe ich noch mal meine Augen, bevor ich langsam den Kopf hebe. Nein, nicht zu weit, nur ein Stückchen. Ja, ich weiß, wohin ich blicken soll. Seine Hose ist auf und sein Schwanz reckt sich heraus. Genau vor meinem Gesicht. Ich starre darauf und Übelkeit macht sich breit. Ich schlucke und eine Träne schummelt sich aus meinen Augen. Schreckhaft zucke ich zusammen, als seine tiefe Stimme wieder erklingt.

„Mach schon. Zier dich nicht so. Du weißt, was sonst passiert."

Er nimmt seine Hand und richtet seinen Schwanz auf mich. Ich unterdrücke den Ekel und mein Mund öffnet sich. Es kostet mich alle Kraft, mich nicht zu übergeben, als er seinen Schwanz zwischen meine Lippen schiebt. Meine Seele flieht, versteckt sich und lässt nur meine Hülle zurück. Wie im Nebel höre ich sein Stöhnen. Den Schmerz in meinem Kiefer nehme ich nicht mehr wahr. Meine Hülle hält das aus. Dann endlich der erlösende Schrei, der mir zeigt, dass ich es gleich überstanden habe und noch lebe, obwohl wieder ein kleines Stück von mir gestorben ist. Sein Schwanz zieht sich zurück. Wortlos reicht er mir einen Lappen, damit ich mir den Mund abwaschen kann. Mein Gesicht ist nass von meinen lautlosen Tränen. Mein Kopf sinkt wieder nach unten und ich starre auf meine verkrampften Hände in meinem Schoß.

„Gut gemacht, mein Junge. Du lernst schnell und wirst besser als deine Geschwister diese Disziplin beherrschen. Du kennst die Regeln. Kein Wort, das ich dich unterrichte, sonst passiert ihnen etwas und das würde deine Eltern sehr traurig machen. Nächstes Mal gehen wir einen Schritt weiter."

Mit diesen Worten verlässt er den Raum. Ich weiß, dass ich noch etwas warten muss und dann erst gehen darf. Ich stehe auf und blicke in den Spiegel. Da sind sie wieder, diese Augen. Haben sie mich beobachtet? Ihr Blick ist leer. Sie geben mir keine Antwort, keine Hoffnung. Er sagt immer wieder: „Zu niemandem ein Wort."

Gilt das auch für die Augen? Ich möchte nicht, dass meinen Geschwistern etwas passiert. Ich hab sie gerne. Nein, ich muss aufpassen, schweigen. Ich halte durch. Mein Körper zittert, mein Herz rast, mir ist schlecht, mein Bauch grummelt.

Leise verlasse ich den Raum. Treppe runter, zur Tür hinaus. Ich atme kurz tief durch und meine Füße setzen sich automatisch in Bewegung und treten den Heimweg an. Langsam, immer ein Schritt vor den anderen. Vor der

Haustür bleibe ich kurz stehen. Dann schelle ich. Mama macht auf.

„Hallo, na war es wieder ein schöner Nachmittag bei deinem Onkel?“

„Ja, ging“, antworte ich leise und gehe die Treppe hoch in mein Zimmer.

Hinter mir höre ich noch Papa. „Kann er nicht mal Hallo sagen?“

Ich höre Mama lachend antworten: „Ach, lass ihn, er hat eben seine Phasen, er ist ein Kind, das ist doch voll normal.“

Ich blicke in die Augen im Spiegel. Jeden Tag aufs Neue seit drei Jahren. Mittlerweile rede ich mit ihnen. Ihnen vertraue ich mein Geheimnis an. Denn nur ich sehe sie. Ich habe mal Mama gefragt, ob sie auch Augen im Spiegel sieht. Sie hat mir darauf geantwortet: „Ja, lachende Augen.“

Da wusste ich, dass es nicht meine sind, die sie sieht. So war ich mir sicher, dass sie mein Geheimnis wahren.

Heute wird es so weit sein. Meine Hände sind feucht und ich bin aufgeregt. Tief atme ich durch und verlasse mein Zimmer. Ein letzter Blick zurück zu den Augen, dann gehe ich los. Mama fängt mich vor der Haustür ab.

„Viel Spaß mit deinem Onkel und macht nicht zu viel Blödsinn.“

„Ja, Mama, bis später“, antworte ich ihr und mache mich auf den Weg.

Der Raum hat sich verändert. Ich trete hinein. Mein erster Weg geht zur Kommode und ich blicke in den Spiegel. Da sind sie. Sie sind immer bei mir, das beruhigt mich. Auch wenn sie mich leer anblicken, ist es ein beruhigendes Gefühl, dass sie mich nicht alleine lassen. Meine Schritte sind sicherer als noch vor Jahren. Ich schütze meine Geschwister und das macht mich stark. Mein Onkel sagt es mir immer wieder, dass ich ein starker Junge bin, weil ich das auf mich nehme, meine Geschwister zu beschützen. Auch weil ich meine Eltern nicht mit meinen Sorgen belaste. Sie müssen glücklich sein. Gut, dass ich meinen Onkel habe, der so schlau ist.

Ich setze mich auf das Bett. Es ist frisch bezogen, auch der Schmutz im Zimmer ist weg. Vor Jahren war es wirklich ein entsetzlicher Raum. Doch jetzt stehen Blumen auf dem Tisch und ein Sonnenstrahl fällt durchs Zimmer. Ich höre seine Schritte vor der Tür, senke meinen Kopf und blicke auf meine gefalteten Hände im Schoß. Die Tür geht auf und schließt sich hinter ihm. Doch etwas ist anders heute. Er hat jemanden mitgebracht. Wer es wohl ist? In meinem Blickfeld erscheinen zwei paar Schuhe.

„Hallo, mein Großer. Heute ist dein Tag. Schütze, was du liebhast. Es ist deine Chance, dafür zu sorgen, dass es deiner Familie gut geht“, ertönt seine tiefe Stimme.

„Ja, Onkel, ich schütze meine Familie.“

Das ist es, was er hören will. Immer den gleichen Satz. Er kommt mir leicht über die Lippen. Viele Male habe ich ihn schon ausgesprochen.

„Steh auf und zieh dich aus und dann knie dich auf allen vieren aufs Bett und Kopf unten halten.“

Ich stutze kurz. Das ist neu. Doch mein Mantra erklingt in meinem Kopf. Ich schütze meine Familie. Ich bin stark. Es ist mir peinlich, mich ganz nackt auszuziehen. Vor allem vor einem Fremden, der im Zimmer ist. Doch ich habe

ich lasse ihn hinein. Immer noch ekelt es mich. Doch durch mein Mantra habe ich es unter Kontrolle. Doch ich stocke, als ich etwas Großes an meinem Po spüre. Ich fühle enormen Druck, es schmerzt, brennt und ich möchte schreien, doch sogleich wird mein Kopf auf den Schwanz gepresst. Meine Seele flüchtet. Tränen verlassen lautlos meine Augen. Meine Hülle jedoch spürt den enormen Schmerz. Wie im Nebel höre ich das Stöhnen und rieche Schweiß. Meine Seele schreit, doch kein Ton kann aus mir weichen. Mein Mantra schleicht sich hervor.

„Ich schütze meine Familie. Ich bin stark."

Ich höre meine Seele schreien, Schmerz, Panik, Wut und Hoffnungslosigkeit. Wie in einem See sinke ich langsam hinab. Bewegungslos umschließt mich das Wasser. Ich versinke in die Dunkelheit des Meeresbodens.

„Wach auf. Es ist Zeit, nach Hause zu gehen", weckt mich seine Stimme und dann schließt sich die Tür hinter ihm und ich bin alleine im Zimmer. Mein Körper schmerzt. Vor allem mein Po. Langsam setzte ich mich auf und greife nach meiner Kleidung. Ziehe mich an. Alles Klebrige ist verschwunden. Bis auf dieses schmerzhafte Pochen an diversen Stellen gibt es keinen Hinweis darauf, was gerade geschehen ist. Der Schein nach außen ist sicher.

Ich trete mit Blick nach unten vor den Spiegel. Heute ist es anders. Ich schäme mich, in diese Augen zu sehen. Es ist mir peinlich, was passiert ist. Was ist, wenn mich diese Augen verurteilen? Wenn sie gehen? Mich alleine lassen? Mutig hebe ich den Kopf. Sie starren mich an. Traurig, fragend, noch leerer als sonst. Sie ziehen mich hinein in ihren Blick. Was wollen sie mir bloß sagen? Ich reiße meinen Blick von ihnen los und verlasse den Ort.

Zu Hause flitze ich sofort in mein Zimmer. Keiner fragt mich mittlerweile, wie meine Zeit bei Onkel war. Es ist normal, dass ich in meinem Zimmer verschwinde und dort abhänge. Nachher gehe ich zum Essen runter und werde wohl einen Vortrag bekommen, weil die Mathematikarbeit eine 4 ist. Es sind Sätze wie: „Du musst mehr lernen. Gib dir mehr Mühe und wenn du nicht besser wirst, streichen wir dir die Zeit mit deinem Onkel."

Wenn sie Letzteres doch mal machen würden. Ironisch verdrehe ich für mich die Augen. Doch dann denke ich schnell zurück, als sie mir einmal wegen einer 5 verboten haben, meinen Onkel zu sehen, und an diesem Tag rutschte meine Mama auf der Haustreppe aus und brach sich den Arm. Nein, das darf ich nicht mal denken. Ich schütze meine Familie.

Fragt mich nicht, warum ich es zuließ, was er mit mir machte. Ich war ein Kind. Unwissend, verletzlich, schwach. Ich war ein leichtes Opfer. Erst mit 15 Jahren begriff ich, dass es falsch lief.

Doch wenn ihr jetzt glaubt, ich zeigte meinen Onkel an. Nein – er bekam einen Hirnschlag, wurde Pflegefall und vegetierte im Heim. Für mich hat er seine Strafe bekommen. Denn die Bürokratie kann mir nicht die Erinnerungen nehmen. Nein, sie würde mich nur an den Pranger stellen und meine Familie dazu. So viele Jahre hat er meine naive kindliche Seite ausgenutzt und missbraucht. Haben meine Eltern Fehler gemacht, hätten sie es sehen müssen? Ja, vielleicht, eventuell. Doch dazu hätten sie die Augen kennen müssen. Doch nie haben sie sich ihnen gezeigt. Denn der Blick blieb gesenkt.

Heute stehe ich vor dem Spiegel und sehe die Augen. Sie blicken mir entgegen. Kleine Lachfalten rahmen sie ein, doch blicke ich tief hinein, sehe ich die Leere, die Verletzlichkeit, den Schmerz, die Narben. Ich weiß, dass ich durch sie in meine Seele blicke. Es sind meine eigenen Augen.

Noch heute ertappe ich mich dabei, dass ich keinem in die Augen sehen kann. Denn die Angst, dass jemand in die Tiefen meiner Augen blickt, wird immer in mir stecken. Was er dort zu sehen bekommen würde, wäre für viele nicht ertragbar und sicher würden es auch viele verurteilen. Ja, ich habe überlebt und bin heute ein Mann mit Frau, die einen Teil meiner Seele kennt, und Kindern, denen ich täglich in die Augen blicke, tief hinein.

Doch etwas ist geblieben. Ich habe eine ausgeprägte Bi-Neigung. Seid ihr nun erschrocken? Für mich ist es normal und etwas, das ich regelmäßig brauche. Ich habe mich damit abgefunden. Heute erlebe ich den stellenweisen Sex mit Männern anders. Denn ich entscheide, ob ich es möchte oder nicht. Dieser kleine Unterschied macht es aus. In psychologischen Kreisen würde man es eine Spätfolge nennen. Doch damit kann ich leben. Was wäre gewesen, wenn mir das nicht passiert wäre? Wäre ich dann ein anderer Mann, mit sogenannten normalen Neigungen? Wer weiß. Ich habe mich das schon oft gefragt, doch werde ich nie eine Antwort darauf bekommen. Ich habe überlebt und das bis heute. Habe nie mein Leben weggeschmissen, sondern weitergemacht. Ich bin, wer ich bin.

„Augen – sagen und zeigen uns mehr als tausend Worte, nehmt euch Zeit, in die Augen eurer Kinder zu blicken.“

Ich habe überlebt*1973

Bergkristall

„Wenn eine Seele weint, sind Tränen nicht zu sehen.“

Maria Theresia Radloff

EinBlick

Ich sitze auf meinem Stein, mitten im See. Um mich herum Wasser, das stetig steigt. Es hat schon meine Füße erreicht. Ich blicke hinein. Sehe die Augen, die mir in den Wellen traurig entgegenblicken. Ich sehe die Tränen, die in ihnen schwimmen, sie glasig und trübe machen. Sie starren mich an.

Augen, die mich erschrecken, denn ich sehe Leid, Angst und Pein darin.

Augen, die schon in ihren jungen Jahren zu viel gesehen haben.

Augen, die nicht verstehen, was passiert ist.

Augen, die einsam sind, weil sie schweigen müssen.

Verzweifelte Augen und ich erhöre alleine ihren Schrei, laut und schrill.

Augen, in deren Tiefe man den Seelensee sieht.

Die einsame Gestalt auf dem Fels, schon mit nassen Füßen.

Ist sie zu retten?

Wer wird sie befreien, bevor das Wasser des Sees über ihr zusammenschlägt und sie in die Tiefen der Seelentränen hinab sinkt.

Mit 17 Jahren lernte ich ihn kennen. Erster Freund. Hey, da hat jemand Interesse an dir. Diese erste Verliebtheit, diese blinde Liebe, wer kennt sie nicht? Er war ein Aufreißer, ein Möchtegern und ein Prolet. Ja, mit ihm hatte ich kurz vor meinem 18. Geburtstag das erste Mal Sex. Jo, Spätstarter würde man heute sagen. Doch früher ganz normal. Ich zog von zu Hause aus. Ich wollte auf eigenen Beinen stehen. Als ich meine ersten eigenen vier Wände eroberte, das war ein Sieg für mich. Ich war auf jedes Teil stolz. Gebrauchte Möbel, doch es waren meine eigenen.

Ich machte den Führerschein und fuhr alle Autos, die er mir hinstellte. Er war „Junkie", in dieser Beziehung. Immerzu andere Autos. Hatte er Geld? – Nein. Wenn ich heute zurückdenke, finanzierte ich uns. Er war größtenteils in meiner Wohnung, Essen und weggehen zahlte ich.

Merkte ich es? – Nein. Tja, erste Liebe macht blind. Warnte man mich vor ihm? – Ja. Doch jugendliche Sturheit, man möchte nicht zugeben, dass man es eigentlich besser wissen müsste. Kontrollsüchtig und eifersüchtig war er von Anfang an und es gab auch mal Diskussionen. Doch ehrlich gesagt amüsierte ich mich darüber, denn ich war nicht gerade die Hübscheste. Eben Durchschnitt, etwas molliger, und hielt mich wirklich nicht für die Superwoman. Hatte ich Komplexe – heute sage ich Ja. Damals hätte ich es nicht eingestanden. Wie vielen geht es so? Man fühlt sich minderwertig, weil man einfach nicht dem weiblichen Idealbild entspricht. Schon in dieser Zeit war das ein Thema und heutzutage ist es noch schlimmer, durch die sozialen Netzwerke. So ist man auch leicht manipulierbar und …nennen wir es zutraulich. Man vertraut zu schnell und geht in den Ja-Modus, denn man möchte es nicht mehr verlieren. Man erträgt sehr viel und wird blind für die Tatsachen. Mein Tagebuch erzählt viel über meine Angst, meine Komplexe und auch die Dramen, die sich abspielten. Natürlich verstand ich es nicht. Denn ich war mir keiner Schuld bewusst. Eifersucht und Hörigkeit beherrschte diese Beziehung sehr. Das nahm ich jedoch erst Jahre später richtig zur Kenntnis, eben durch die alten Aufzeichnungen.

Dann kam der Tag, der mein Leben für immer verändert hat. Ich werfe einen Blick auf mich – sehe mich *(Nachfolgendes ist nach alten Aufzeichnungen erzählt, viele Passagen wörtlich übernommen).*

Zitternd liege ich auf dem Bett. Angebunden an Armen und Beinen. Nackt. Eine Decke ist achtlos über meinen Körper geworfen. Meine Wange und mein Auge schmerzen. Das Auge geht nicht richtig auf. Es ist zugeschwollen. Meine Glieder brennen und die Angst lässt mich frieren. Trotz der Decke ist es eisig kalt. Ich höre ihn in der Küche werkeln. Das gibt mir Zeit. Was wirft er mir vor? Fremdgehen. Ich? Der tickt doch nicht richtig. Wann hätte ich denn Zeit dazu? Ich gehe arbeiten und in meiner Freizeit bin ich nur mit ihm zusammen. Das rechtfertigt noch lange nicht, dass er mich schlägt und festbindet. Das ist unterste Schiene. Das ist nicht normal. Er sagt, er liebt mich. Wenn das Liebe ist, dann möchte ich nie mehr lieben.

Die Tür knarrt und er kommt herein. Ich schaue ihn an. Mein offenes Auge starrt förmlich. Er beugt sich über mich und…wusch, schlägt er mir ins Gesicht. Hey, warum? Ich habe nichts getan.

„Falsche Schlampe“, ertönt es.

Die Decke wird von mir gerissen. Ich zwicke die Beine zusammen, doch sogleich werden sie mir auseinandergerissen und er legt sich schwer zwischen sie. Ich kann nur den Kopf wegdrehen. Kann nicht in sein Gesicht sehen. Das Gesicht, das dem Menschen gehört, den ich glaubte, zu lieben. Ich bin trocken und es schmerzt, als er seinen harten Schwanz in mich treibt. Ich keuche auf und bekomme wieder einen Schlag. Ich sinke in die Tiefen meiner Seele. Meine Augen schließen sich, verbergen den Schmerz und die Angst in mir.

Als ich wieder zu mir komme, sind meine Beine frei. Doch meine Arme sind noch immer gefesselt. Ich muss pinkeln und rufe ihn. Er kommt grinsend herein. Löst meine Fesseln, jedoch nicht an den Händen. Dann führt er mich ins Bad. Meine Beine tragen mich kaum und ich stolpere gegen die Wand. Alles schmerzt, doch ich schaffe den Gewaltakt und setzte mich auf die Kloschüssel. Er steht gaffend vor mir. Es erniedrigt mich, doch mir ist es mittlerweile egal.

Wie viele Stunden – oder schon Tage– sind es, in denen er mich quält? Ich habe jedes Zeitgefühl verloren. Warum vermisst mich keiner? Warum schaut keiner nach mir *(von diesen Warum-Fragen, gibt es so viele in meinen Aufzeichnungen)*? Daran bin ich selbst schuld. Denn ich melde mich nicht regelmäßig bei meiner Familie und somit vermisst mich auch keiner.

Kaum fertig zieht er mich wieder aufs Bett. Er boxt mich in die Rippen und ich keuche auf. Meine Hülle leidet. Wenn ich an mir herabschaue, sehe ich nur geschwollene blaue Hämatome. Er drückt mich mit dem Bauch aufs Bett und ich dachte, es kann nicht schlimmer kommen. Noch nie hat mich jemand anal genommen. Wie auch, ich hatte bis jetzt nur ihn. Horror, Schmerz ich höre mich kreischen, doch sofort wird mir ein Tuch vor den Mund gebunden. Er ist so stark. Ich bin wie Gummi, kraftlos. Lasse es über mich ergehen. Dulde den Schmerz, ertrage ihn. Meine Seele schreit und zieht sich komplett zurück. Meine Hülle leidet, sie leidet so sehr. Ich verstehe nicht, was er mir sagt, mit welchen Worten er mich beschimpft. Ich spüre und höre nichts mehr, wehre mich nicht. Warum habe ich mich nicht gewehrt? Warum habe ich es erduldet? Warum musste das mir passieren? Warum ich*? (wieder die Warum-Fragen – seitenweise, geschmiert, quer über das Blatt)*

Ich hatte Gefallen an Sex. Doch nun ist sein Schwanz eine gefährliche Waffe und seine Hände, die sonst so zärtlich zu mir waren, sind mein Albtraum. In mir regt sich etwas. Ist es Trotz? Ich höre eine leise Stimme flüstern: „Schwächling.“ Ich schnaube auf. Ja genau – Schwächling. Denn gebunden kann ich jeden dominieren und zu meinem Boxsack machen. Doch dieser Gedanke hilft mir auch nicht weiter.

Ich versinke in meinem Leid. Ich kann nicht sagen, welcher Tag oder welche Zeit es gerade ist. Immer wieder bin ich weg. Mein Körper ist ein einziger Schmerz. Mein Unterbewusstsein erinnert sich an den letzten Moment, als er mir einen Gegenstandreinsteckte und noch so manch anderes. Es erinnert sich daran, als er mich hart fickte und mein Körper mich verraten hat. Nein – wie konnte das möglich sein, dass meine Hülle einen Orgasmus bekam? Trotz des Schmerzes. Verraten. Ich hasse diesen Körper, der meine

Seele beherbergt. Eine Hülle, die mich hintergeht. Auch wenn sich meine Seele tief darin verborgen hat, kann er doch nicht gegen mich arbeiten? Warum?

Nun schmerzt nicht nur mein Körper, sondern auch meine Seele weint und schreit bitterlich.

Als ich das nächste Mal erwache, bin ich frei. Keine Fesseln mehr. Ich lausche, erwarte, dass er gleich durch die Tür kommt. Doch nichts passierte. Ich rufe, doch nichts regt sich. Sollte ich wirklich frei sein?

Mein Herz klopft und ich versuche, mich zu erheben. Doch ich fühle mich schwach, so schwach, und alles tut mir weh. Auf allen vieren krieche ich ins Bad. Dort liege ich einige Zeit. Wie lange, weiß ich nicht mehr. Doch dann kommt Angst hoch. Was, wenn er wiederkommt? Ich muss hier raus. Ich ziehe mich am Wannenrand hoch, lasse Wasser ein und schrubbe mich, bis meine Haut rot ist. Der Ekel nimmt überhand. Lautlos laufen mir Tränen aus den Augen.

Wie ich in meine Klamotten komme, keine Ahnung. Wie ich es schaffte, zu meiner Familie zu laufen, keine Ahnung. Wie ich im Krankenhaus lande, keine Ahnung (Filmriss).

Ich weiß nur noch, dass zwei Polizisten vor mir standen, Männer, sie befragten mich. Ja, er hat mich geschlagen. Ja, er hat mich gefesselt. Ja, in meiner eigenen Wohnung. Nein, das war alles. Mir geht es sonst gut. Schweigen. Ich kann nicht erzählen, was er getan hat. Dann merken sie, dass ich einen Orgasmus hatte. Ich muss es verbergen. Keine Schande für meine Familie. Ich habe meine Tage, sage ich zu den Ärzten. Sie geben sich damit zufrieden. Gott sei Dank. Totales Irrdenken, doch in diesen früheren

Jahren waren wir sexuell nicht so aufgeklärt wie heute und es wurde daran auch nicht gedacht.

In mir füllt sich mein Seelensee. Verborgen für jeden. Keiner schaut mir in die Augen. Ich sehe sie jeden Tag meines Lebens im Spiegel mir entgegenblicken. Ich blicke hinein und sehe den See und die Verborgene, auf ihrem Fels, mitten drin sitzend.

Ich habe mittlerweile erzählt, was mir widerfahren ist. Verurteilt wurde ich trotzdem von einigen. Damals waren es andere Zeiten. Es wurde weder über sexuelle Handlungen nachgedacht noch offen darüber geredet. Freiheitsberaubung – nein, es war meine eigene Wohnung. Körperverletzung – einen Titel gab es. Ja – die Gesetze waren schon damals sehr konfus.

Heute lebe ich damit. Mein Seelensee ist immer noch in mir verborgen, doch er hält die Waage und ich sitze trocken auf dem Fels in der Mitte. Ab und an werden meine Füße etwas nass, doch dann ziehen sich die Tränen wieder zurück.

Auch ich leide an Spätfolgen, die darauf zurückzuführen sind. Durch nicht erkannte innere Verletzungen konnte ich nie Kinder bekommen. Des Weiteren benötige ich heute für meine sexuelle Befriedigung immer wieder Dominanz, mit dem kleinen Ausweg der Flucht *(die devote Unterwerfung, jedoch auch hin und wieder die Macht zu dominieren).* Ich brauche Sex wie die Luft zum Atmen. Denn indem ich ihn praktiziere, weiß ich, dass er nicht gesiegt und mich gebrochen hat. Auch sollten sich keine Menschen von hinter mir nähern, ich stehe und sitze immer rückenfrei.

Das Wichtigste jedoch ist, ich habe überlebt und stehe heute noch hier, auch wenn meine Seele zerfressen ist.

Ich habe überlebt *1969

Auf ein Wort zwischendurch

Drei kraftvolle Steine und hinter jedem einzelnen verbirgt sich ein Mensch wie du und ich. Es gibt hier keine Trennung von schlimm und weniger schlimm oder es gibt noch Schlimmeres.

Man sagt gerne: Ach, früher, da waren andere Zeiten. Doch ändert dies nichts an dem Erlebten. Gerade deswegen ist es so wichtig, dass diese Menschen ihre Erlebnisse erzählen, es rauslassen und berichten, wie und warum sie hineinrutschten in den Abgrund.

Heute ist alles anders, sagt man. Ich frage: Was ist anders? Die Medien sind voll mit Kindesmissbrauch und Übergriffen von Erwachsenen. Tagtäglich passiert es, vielleicht gerade in diesem Augenblick, nebenan. Doch es passiert immer noch und durch die Überflutung der Nachrichten sieht man nur das Ereignis, doch der Mensch, dem es widerfahren ist, bleibt verborgen. Man nimmt die Nachricht wahr, liest es und denkt: Oh Gott oder ist das traurig. Dann geht man in den Alltag über.

Man hört ein Wort. Vergewaltigung. Ein schlimmes Wort, das Grusel auslöst. Man hört das Wort Missbrauch, verschärft Kindesmissbrauch. Ein noch schlimmeres Wort und das Entsetzen legt sich auf unsere Wahrnehmung. Ein kurzer Augenblick voller Gefühle. Ein Atemzug, dann geht der Alltag weiter. In den sozialen Netzwerken schreibt man vielleicht noch etwas darunter. Eine Anteilnahme, Worte, die man eben so schreibt. Man orientiert sich hier an dem, was der andere geschrieben hat. Das ist die Realität.

Was steckt jedoch dahinter? Was passierte wirklich? Die Sache ist bekannt, doch der Mensch, dem es widerfahren ist, er ist nur ein Nebenprodukt eines Shitstorms. Meist wird er schneller zum Mittäter deklariert als zum Geschädigten.

Warte nicht darauf, dass jemand zu dir kommt und sagt: „Ich bin missbraucht worden, bitte hilf mir."

An diesem Punkt ist es meist zu spät. Schau hin, nimm es wahr. Achte auf Anzeichen, nimm dir Zeit, um zu hinterfragen und genauer hinzuschauen. Reagiere lieber einmal zu viel, als einmal zu wenig. Verurteile niemanden, bevor du nicht die Hintergründe aus erster Hand kennst.

Heute macht man es sich leicht. Depressive Episode, Zwangsstörungen, Drogensucht, Schizophrenie, verrückt, gestört, neurotisch… Wir geben Oberbegriffe und das wars dann. Sache erledigt, der Alltag kann weitergehen.

Die Menschen, die hinter den kraftvollen Steinen stehen, lassen dich nun tiefer blicken. Sie zeigen dir, was wirklich hinter den schrecklichen Wörtern wie Missbrauch, Vergewaltigung, Zwangsstörung, Depression etc. verborgen liegt.

Sie zeigen dir auch indirekt Möglichkeiten, durch ihre Erzählungen und tiefen Empfindungen, auf welche Anzeichen du achten solltest.

Wir können damit nicht die Welt retten. Doch wenn wir unsere Wahrnehmungen darauf einstellen, kann jeder für sich und für den einen oder anderen die Rettung sein.

Denkt beim Weiterlesen daran – Missbrauch ist nur ein Wort. Das, was darin verborgen ist, das alleine zählt.

Und eines ist Fakt.

NEIN heißt NEIN.

Perle

„Wenn die Seele weint und der Mund schweigt – spricht der Körper.“

(Verfasser unbekannt)

EinBlick

Nein. Ein Wort mit vier Buchstaben. Nicht lang. Ein Wort, das so kurz und doch so aussagekräftig ist.

Nein. Einfach nur Nein.

Wie oft sagen wir es in einer Stunde, am Tag, in der Woche, im Monat, im Jahr?

Nein ist ein fester Bestandteil unseres Lebens.

Nein ist für mich ein Wort – das ich verachte, mich wütend macht, mich triggert, auch heute noch, nach so vielen Jahren.

Einfach nur Nein.

Was ist an diesem Wort so schwer zu verstehen?
Warum wird es so häufig ignoriert?

Nein – einfach nur Nein.

Es hat so viele Bedeutungen, die darin verankert sind.
Alle in einem Wort.

Nein – ich will nicht.
Nein – mein Körper gehört mir.
Nein – ich mag es nicht.
Nein – hör auf.
Nein – einfach nur Nein.

„NEIN! ! !“

Ich hörte meinen Schrei im Zimmer widerhallen. Doch eine Hand verschloss mir den Mund. Mit jeder Träne, die meine Augen verließ, manifestierte sich das Wörtchen Nein nach außen. In meinen Kopf erscholl das Wörtchen Nein lautstark. Mein Körper kämpfte, doch ich war zu jung, zu schwach. Er war stärker als ich.

Was habe ich getan? War ich böse? Ich habe meine Schularbeiten gemacht. Habe Mama im Haushalt geholfen und war artig. Was ist heute anders? Mamas Freund kommt doch sonst auch immer in mein Zimmer und wir sprechen über den Tag. Er ist nett und kitzelt mich oft und lässt mich auch auf seinen Rücken reiten. Na ja, oft stellt er komische Fragen. Doch ich bin stolz, dass ich sie beantworten kann. Er lobt mich und ich bekomme etwas Süßes, wenn ich sie richtig beantwortet habe. Neulich fragte er mich, ob ein Junge meinen Körper berührt hat. Das ist eine komische Frage gewesen. Ja, beim Turnen, habe ich gesagt, denn wir spielen öfter Gleichschritt und dabei muss der Hintermann seinen Vordermann an den Hüften festhalten. Ich habe es ihm erzählt und er wurde ganz ruhig. Dann spielte er auch mit mir Gleichschritt. Doch seine Berührung mochte ich nicht. Ich sagte Nein, so mag ich es nicht. Doch er sagte, wenn ich es in der Schule wieder machen muss, müssen wir üben. Ich habe es Mama erzählt, doch sie lachte und sagte: „Na dann übt mal fleißig, damit du das in der Schule richtig machen kannst.“

Ich finde ihn ja nett, doch irgendwie fühle ich mich nicht wohl in seiner Nähe. Er berührt mich und wenn ich Nein sage, schimpft er mit mir. Mama ist immer arbeiten. Er berührt Mama auch und sie lacht immer. Ich verstehe es nicht.

Meine Gedanken wurden von dem Wörtchen Nein übertönt. Ich bekam Angst und mir wurde schlecht. Seine Hand stank auf meinem Mund. Warum tut er das? Ich hörte seine Stimme.

„Hör endlich auf, so trotzig zu sein. Was ist mit dir los? Wenn deine Mama das erfährt, wird sie mit dir böse sein. Jetzt halte endlich still."

Ich schniefte und beruhigte mich. Er nahm mich in den Arm, strich mir über den Kopf und kraulte meinen Rücken. Ich legte meinen Kopf an seine Brust. Mir lief ein Schauer über den Rücken, doch Mama durfte nicht böse auf mich sein.

Es gab viele solcher komischen Berührungen, Momente und Fragen. Es wurden immer mehr mit der Zeit. Ich versuchte es immer wieder, meiner Mama zu sagen, doch sie lachte nur und freute sich, dass wir so ein gutes Verhältnis haben. Irgendwann war es ganz normal geworden. Dass er meine kleine Brust streichelte, seine Hand zwischen meine Beine zwickte, wenn sie kalt waren, mich kitzelte und im Arm hielt und meinen Rücken kraulte. Sogar wenn Besuch da war, denn auch die kuschelten oft miteinander. Es war normal und mit Mama machte er es ja auch. Also, was sollte ich als Kind denken?

Ich war zu dieser Zeit gerade mal sieben Jahre alt.

Sie zeigten es mir doch täglich und woher sollte ich wissen, dass alles verkehrt war?

Ich wurde elf Jahre alt, als das Wörtchen Nein für mich zum Albtraum wurde.

Es war ein Tag wie jeder anderer. Schule, Hausaufgaben, Essen, Spielen mit Freunden und am Abend ging Mama arbeiten. Sie putzte nebenher, dreimal die Woche. An diesen Tagen war ich mit ihm alleine im Haus und im Inneren fühlte ich mich nie wohl, wenn diese Situation eintraf. Doch ich gewöhnte mir an, einfach früher in mein Bett zu gehen. Auch an diesen Abend ging ich früher in mein Bett. Ich schlief schnell ein und ich wurde wach, als er sich auf meine Bettkante setzte. Ich hatte ein Schlafshirt an. Ich weiß noch, da war ein Pinguin drauf *(komisch, das weiß ich noch genau).* Er hatte meine Bettdecke zurückgeschlagen und als ich ihn ansah, sagte er flüsternd: „Pssst, alles gut.“

„NEIN!!!“

Ich hörte meinen Schrei im Zimmer widerhallen. Doch eine Hand verschloss mir den Mund. Mit jeder Träne, die meine Augen verließ, manifestierte sich das Wörtchen Nein nach außen. In meinen Kopf erscholl das Wörtchen Nein lautstark. Mein Körper kämpfte, doch ich war zu jung, zu schwach. Er war stärker als ich.

Seine Hand kraulte mich am Bauch. Ich versuchte, sie mit meiner Hand wegzuschieben. Doch er macht nur: „Tz, tz, tz“ und nahm meine Hände und hielt sie fest. Dann streichelte er weiter.

Ich flüsterte: „Nein – das will ich nicht.“

Doch er lachte nur und sagte mir, dass es Mama auch gefällt und sie sicher sauer ist, wenn es mir nicht gefällt. Mein Herz wummerte in meinem Körper. Ich hatte Angst. Er sah mich so komisch an. Musste mir alles gefallen, was

Mama gefiel? Seine Hand schob sich tiefer zwischen meine Beine und ich versuchte, auszuweichen. Doch er schimpfte sofort wieder mit mir. Seine Finger glitten in mein Höschen. Das hatte ich bei Mama noch nicht gesehen. Das kann ihr nicht gefallen, dachte ich so und fing an, mich zu wehren. Ich schrie ihn an: „Nein!!! Das mag ich nicht. Hör auf!“

Dann spürte ich seine Finger zwischen meine Beine eindringen. Ich weiß noch, es tat entsetzlich weh und ich weinte und begriff nichts mehr. Ich hörte heute noch seine Worte.

„Bald bist du bereit. Dann bist du Mama ihr liebes Kind.“

Ich schrie, ich weinte, ich rief: „Nein – lass mich, du tust mir weh.“

Doch niemand hörte mich, denn Mama war nicht da.

Ich war elf Jahre alt.

Ich hatte einen Albtraum, dachte ich zuerst. Doch auf dem Klo merkte ich, dass es mir zwischen den Beinen wehtat. Ich bemerkte Blut und rannte zu Mama. Sie gratulierte mir und sagte: „Keine Panik, du wirst jetzt eine Frau. Das ist normal.“

Ich schwieg.

Als er das nächste Mal zu mir kam, rannte ich weg. Ich war panisch, als er mein Zimmer betrat, und das war mein Glück.

Drei Tage schlief ich in Scheunen im Umfeld, dann fand mich die Polizei und brachte mich wieder nach Hause. Schulstress, Zeugnisangst, sagten sie damals. Ich schwieg. Nach zwei Tagen wieder zu Hause fiel mir auf, dass ich ihn noch nicht gesehen hatte. Mama bemutterte mich und versuchte, es mir so angenehm wie möglich zu machen. Ich fragte sie: „Wo ist er?“

Sie sagte nur: „Weg und es zählt nur das, was ab jetzt ist.“

Ab da wurde sein Name nie mehr erwähnt.

Je älter ich wurde, desto schlauer wurde ich. Als ich meinen ersten Freund kennenlernte und er mich anfasste, bekam ich Panik und schrie ihn an: „Nein – hör auf.“

Er erschrak und meinte, ich wäre eine Irre. Er hatte doch nur meine Hand berührt. Ich verstand meine Reaktion nicht. Als ich mit meiner Mutter reden wollte, schwieg sie. In diesem Moment bemerkte ich auch, dass sie mir seit Langen nicht mehr in die Augen schaute.

Ich ging mit 17 Jahren, Job, Wohnung, andere Stadt. Ja, mutig zu dieser Zeit. Denn das Verhältnis mit meiner Mutter bestand nur noch aus Schweigen.

Die Erkenntnis traf mich hart. Ich schwieg. Wie konnte ich so blöde sein und all das glauben, was sie mir erzählt hatten?

Es sei Zuneigung, Liebe … NEIN – es war Schmerz, Angst, Unsicherheit. Doch woher sollte ein Kind das wissen?

Heute weiß ich, dass es Kindesmissbrauch war, was er mir angetan hat. Das Internet ist voll davon. Hätte ich das mal früher schon gehabt. Doch in meiner Kinderzeit gab es nur einen Duden.

Ich hatte angefangen, damit zu leben, es zu verdrängen. Der Kontakt zu meiner Mutter brach komplett ab. Sie wusste es und hat nichts getan. Ich habe keine Gefühle mehr für sie. Für mich existiert sie nicht mehr. Sie glaubte ihm mehr als mir. Es waren die Siebziger, doch ist das eine

Entschuldigung? Ihn habe ich nie wieder gesehen. Mein weiterer Kampf hieß für mich Leben. Ich arbeitete und, ja, ich fand auch einen Lebenspartner. Es war ein schwerer Prozess, doch er gab nicht auf und hatte Verständnis für mich. Auch wenn wir bis heute nie näher darüber gesprochen haben, habe ich das Gefühl, dass er es weiß, denn unseren Kindern und mittlerweile Enkelkindern habe ich von Anfang an das Nein-Sagen gelehrt und auch dessen Bedeutung.

Wenn ich heute irgendwo ein lautes „Nein!“ höre, gerate ich immer noch in Panik. Doch ich schweige. Ich schweige – denn Wasser, das den Bach hinuntergeflossen ist, treibt die Mühle nicht an.

Doch es wird immer in mir stecken. Bei jedem Blick in den Spiegel sehe ich heute noch dieses kleine elfjährige Kind in meinen Augen.

Ich habe überlebt. *1963

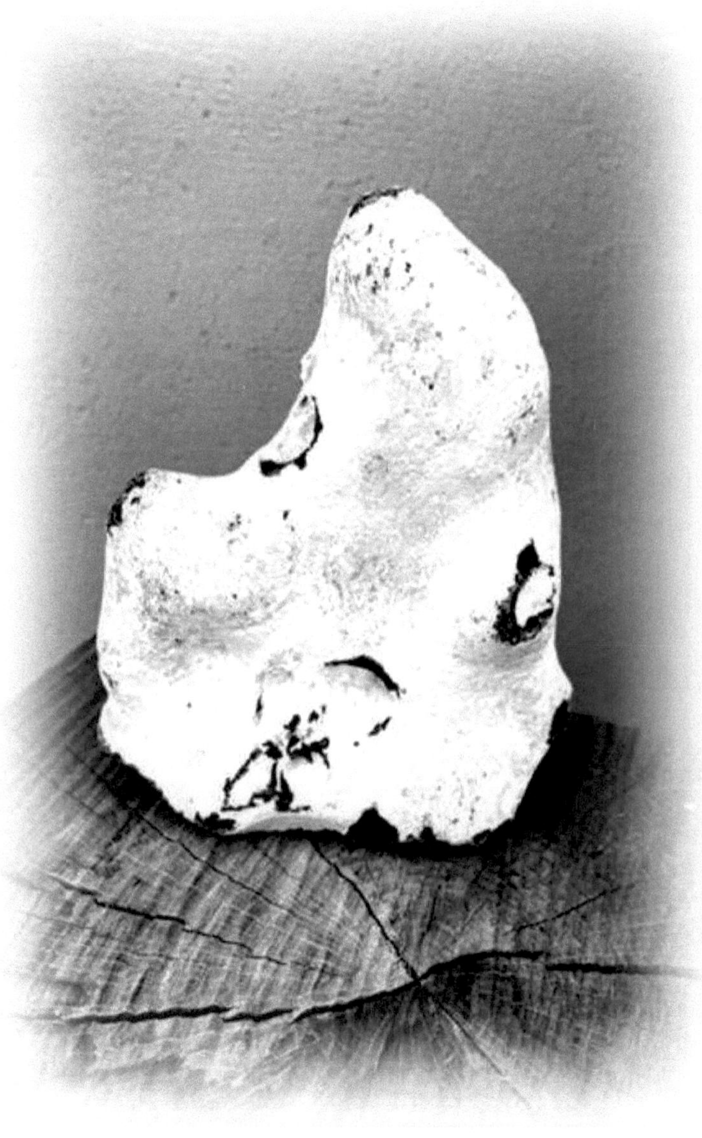

Tigerauge

„Nicht alle sind glücklich, die glücklich scheinen.
Manche lachen nur, um nicht zu weinen.“

EinBlick

Märchen, die uns träumen lassen. Eine Hochzeit im weißen Kleid. Ein Mensch, der uns umarmt und entgegenlächelt. Eine schöne Wohnung, ein sicheres Einkommen und eine Beziehung, wie in den schönsten Träumen. Träume sind so bezaubernd und schön.

Können Träume wahr werden?

Gibt es diese Träume, die wie ein Märchen in unser Leben wandern und es in Licht erstrahlen lassen?
Gibt es Liebe auf den ersten Blick?
Gibt es Liebe wie im Märchen?
Gibt es Träume, die in Erfüllung gehen?

So viele Fragen und auch heute sage ich noch immer:

Ja, die gibt es.

Auch wenn ich das Gegenteil am eigenen Leib, auf die harte Tour, erfahren habe.

Doch das war mein Vorteil, denn ich wusste am Ende, nach viel Schmerz und Leid, wie es auf keinen Fall richtig sein kann.

Ich war so glücklich, als ich ihn kennenlernte. Ich war gerade mal 16 Jahre und er wurde mein bester Freund. Wir unternahmen viel gemeinsam, vor allem in der Gruppe unserer Freunde. Damals war es nicht gleich Sex, woran man dachte. Es fing harmlos an. Am Lagerfeuer, beim Zelten, hielt er mich im Arm. Auf der Wanderung ergriff er meine Hand. Er lud mich ins Kino ein und er plante, was wir am Wochenende unternehmen. An meinem 18. Geburtstag half er mir, die Gästeliste zu erstellen und alles zu organisieren für die Feier. Ich hatte eine Ausbildung im Büro gemacht und irgendwann pendelte es sich ein, dass er mich täglich von der Arbeit abholte.

Es entwickelte sich langsam und stetig. Unser erstes Mal passierte nach einem Kinoabend im Auto. Ich weiß noch, als er mir zuflüsterte: „Ich hätte dich bei deinem ersten Mal auf Rosen betten müssen."

Als ich darauf sagte: „Kein Problem, ich bin keine Jungfrau mehr", stutzte er kurz und dann sagte er nur: „Ok".

Komisch, dass mir dieses Gespräch mehr im Gedächtnis blieb als der Akt selbst. Tja, von da an hatten wir eine feste Beziehung. Wir gingen zusammen aus, unternahmen viel gemeinsam und wir gehörten einfach zusammen.

Kurz nach meinem 21. Geburtstag heirateten wir. Ich war sehr verliebt. Er trug mich wahrlich auf Händen. Ich bekam Blumen, Geschenke und er schaffte es immer wieder, mich zu überraschen mit netten Kleinigkeiten. Es entwickelte sich eine Liebe wie im Märchen. Unsere Hochzeit war ein Traum. Weißes Kleid mit Schleppe, eine tolle Feier, sogar eine Kutsche hatten wir. Im Schlosspark im Nebenort wurden viele Fotos gemacht. Mein Lebenstraum ging in Erfüllung.

Ich zog zu ihm, weil seine Wohnung größer war. Meine Möbel verkaufte ich. Er hatte ja alles. Für meine Sachen machte er etwas Platz in seinen Schränken und was nicht passte, ging weg. Zu der Zeit dachte ich mir nichts dabei.

Langsam spielte sich unser Alltag ein. Ich ging arbeiten und er holte mich am Abend ab. Wenn wir etwas einkaufen mussten, machten wir es nach meiner Arbeit gemeinsam und dann kochte ich und machte den Haushalt. Er arbeitete als Postbote, sodass er früh das Haus verließ, aber vor mir Feierabend hatte.

Einen Monat nach unserer Hochzeit wollte ich mich mit meinen Freundinnen treffen und als ich es ihm sagte, dass ich weggehe, schaute er mich nur an und sagte Nein. Ich fragte ihn, warum Nein? Er sagte darauf, ich wäre jetzt verheiratet und habe für solche Sachen keine Zeit mehr. Ich war so naiv und ging nicht. Mein Alltag spielte sich ein und ich verlor die Realität aus den Augen.

Nach einem Jahr stellte ich fest, dass sich niemand mehr bei mir meldete. Ok, ich meldete mich auch nicht bei meinen Freunden, denn er gab mir keinen Raum dafür. Ich lebte nur noch für die Arbeit und für unser Leben.

Dann kamich eines Abends nach Hause. Ich nahm den Bus, denn er hatte mir geschrieben, dass das Auto defekt sei und er mich nicht abholen könne. Ich verpasste den ersten Bus und trank in der Eisdiele noch einen Kaffee, bevor ich dann den nächsten mit nach Hause nahm.

Er erwartete mich an der Tür und schrie mich an: „Wo kommst du denn jetzt her?“

Ich sagte es ihm und er schrie weiter. Ich hätte ihn anrufen müssen. Ich solle nicht in einer Eisdiele alleine rumsitzen. Ich hätte eben schneller zur Bushaltestelle laufen sollen. Ich war wie vor den Kopf gestoßen. Doch ich ging in die Küche und fing an zu kochen.

Nach dieser Szene merkte ich das erste Mal, dass irgendetwas nicht stimmte in unserer Beziehung. Ich wurde unsicher und je unsicherer ich wurde, desto mehr merkte ich, dass er mein Leben, mich, kontrollierte. Ich wurde krank, mein Körper gab mir das Signal. Plötzlich lag ich mit 40 Grad Fieber im Bett. Mir ging es wirklich beschissen, doch er verlangte trotz allem, dass ich koche und den Haushalt mache. Ich solle mich nicht so anstellen. Er rief mich jede Stunde von seiner Arbeit aus an und fragte, was ich mache. Am Anfang dachte ich noch, dass er sich Sorgen macht, doch irgendwann fühlte ich mich nur noch überwacht.

Doch mit wem sollte ich reden? Meine Freunde waren weg. Meine Familie rief ich nur ab und zu mal an, um zu sagen, dass alles gut sei. Auf der Arbeit hatte ich auch niemanden, da ich an Firmenfeiern und anderen Dingen nie teilnahm. Wenn wir mal abends in die Stadt gingen, trafen wir, wenn, dann nur seine Freunde und mit denen wurde ich nicht warm. Ich saß meistens schweigend dabei. Ich merkte auf einmal, dass ich niemanden mehr hatte außer ihm.

Als er eines Tages nach Hause kam, telefonierte ich gerade. Die Hotline unseres Telefonanbieters hatte angerufen. Er entriss mir das Telefon und brüllte hinein, wer in der Leitung sei. Ich konnte ihn nur mit offenem Mund anstarren. Ich war einfach zu geschockt über die Aktion. Er beendete den Anruf und sah mich böse an. „Darum brauchst nicht du dich zu kümmern, mach lieber was zu essen.“

Ich ging schweigend in die Küche.

Von da an ging es bergab. Doch was sollte ich tun? Ich dachte zu dieser Zeit wirklich, es sei normal. Mein Märchen löste sich in Luft auf.

Ich fing an zu funktionieren. Mittlerweile überprüfte er mein Telefon, mit wem ich wann gesprochen hatte. Er erwartete mich pünktlich von der Arbeit zurück, an der Haustür. Abholen, das war Geschichte geworden. Am Wochenende und an freien Tagen fand er immer wieder neue Beschäftigungen im Haushalt für mich. Wenn ich zum Einkaufen ging, rief er mich alle zehn Minuten an, um mir zu sagen, was wir noch bräuchten oder dass ich mich beeilen soll. Im Bett war schon lange nichts mehr. Ich fiel jeden Abend so todmüde hinein, dass ich auch gar nicht merkte, dass hier auch nichts mehr war. Er ging zur Bank und gab mir Haushaltsgeld. Schon lange hatte ich mir nichts Eigenes mehr gekauft. Ich wollte einfach nicht nach Geld fragen. Dann schlug das Schicksal zu und heute bin ich dankbar dafür.

Arbeitsende. Sprinten zum Bus, denn ich war spät dran. Tja ich rutschte auf der Eingangstreppe der Firma aus, verfehlte drei Stufen und schlug rückwärts mit dem Kopf auf die Kante. Meine Kollegen kamen sofort angerannt und riefen einen Krankenwagen. Ich wurde ins Krankenhaus gefahren. Gehirnerschütterung. Platzwunde am Kopf und mein Sprunggelenk im Fuß war gebrochen. Ich wurde direkt für die OP fertiggemacht. Davor sagte ich noch, dass sie meinen Mann informieren sollten.

Als ich wieder wach und im Zimmer war, hörte ich nur, wie er sich vor der Tür mit dem Personal stritt. Er wollte, dass ich nach Hause gehe. Doch sie sagten ihm, dass ich hierbleiben muss. Als er ins Zimmer kam, schrie er mich an: „Wie kann man nur so verblödet sein und die Treppe runter stürzen?“

Ich schrie ihn an: „Raus! Hau ab!“ Es war das erste Mal, dass ich mich gegen ihn zur Wehr setzte.

Das Sicherheitspersonal der Klinik kam sofort und brachte ihn nach draußen. Doch er flüsterte mir noch zu: „Das wirst du bereuen.“

Sie schickten mir einen Psychologen ans Bett, doch ich schwieg und sagte, ich brauche ihn nicht. Ich schämte mich. Am zweiten Tag bekam ich eine Zimmernachbarin, sie war sehr nett und wir kamen ins Gespräch. War es ein Omen, Schicksal, ich weiß es nicht. Doch sie entpuppte sich als Lebensberaterin und sie schaffte es wirklich, mir alles zu entlocken. Wie sie es geschafft hat, kann ich nicht sagen, doch ich redete und redete. Sie hörte mir schweigend zu und dann sagte sie etwas, was mich total entsetzte und aus der Bahn warf. „Du bist Opfer eines Missbrauchs.“

Ich sagte: „Nein – wir haben keinen Sex, er vergewaltigt mich auch nicht.“

Da schaute sie mich an und sagte: „Das, was er mit dir macht, ist seelischer Missbrauch in einer sehr hohen Form und genauso schlimm. Er kontrolliert dich und dein Leben. Du bist ihm hörig, hast keine eigene Meinung mehr. Er hat dich von allen deinen Freunden getrennt und beherrscht dein Leben.“ Dies musste ich erst mal verkraften.

Wenn ihr jetzt denkt, ich bekam Wut oder Hass auf ihn …nein – ich wurde still und bemitleidete mich selbst. Mir war es megapeinlich, dass ich dies zugelassen hatte. Wie doof ich doch war. Ich versank in eine tiefe Depression und mein Körper zeigte es in Form einer Entzündung meines Knöchels, der nicht heilen wollte.

Den Absprung in die Freiheit habe ich im Rückblick genau diesem Menschen zu verdanken, der mir das alles antat. Denn er randalierte eines Tages in der Klinik, weil sie ihn nicht zu mir lassen wollten, und griff einen Beamten an. Es ging dann alles sehr schnell. Ich rief meine Familie an, beichtete alles und sie nahmen mich an die Hand und halfen mir, die Scheidung und eine einstweilige Verfügung einzureichen, dass er nicht mehr in meine Nähe konnte.

Ich verbrachte 13 Wochen in psychosomatischer Reha. Es war ein langer Prozess, denn ich sah mich nicht als Opfer, sondern als naive dumme Person, die auf einen Kerl reingefallen war. Doch als mich die Erkenntnis traf, dass die Manipulation schon im Alter von 16 Jahren angefangen hatte, als wir uns kennenlernten, begriff ich endlich, dass ich ein Opfer war.

Ja, auch das ist Missbrauch – seelischer Missbrauch. Was mich am meisten enttäuscht hat, ist, dass ich keinem meiner damaligen Freunde wichtig genug war, dass sie um meine Freundschaft kämpften. Sie akzeptierten stillschweigend, dass ich mich nicht mehr meldete.

Heute bin ich schlauer und ich weiß, dass ich nicht naiv und doof war. Er hat mich manipuliert auf eine Art, die schleichend kam, ich war wehrlos dagegen. Eine Beute.

Wehrt euch und vor allem verschließt nicht die Augen, wenn euch etwas auffällt.

Ich habe überlebt. *1971

Diamant

„Die Kraft unserer Seele ist unermesslich stark.
Wenn sie etwas hat, für das es sich zu kämpfen lohnt.“

EinBlick

Wie viel kann ein Mensch ertragen, bis er zusammenbricht?

Den Körper kann man brechen – er heilt.
Die Seele kann man verletzen – sie leidet ein Leben lang, doch sie ist stark. So stark wie ein Diamant. Er ist das härteste Material der Welt.

Was eine Seele auszuhalten vermag, ist schier unglaublich. Sie schreit, sie blutet, sie hat unsagbare Schmerzen und trotz allem kämpft sie, wenn sie etwas hat, an dem sie sich festhalten kann.

Aufgeben ist keine Option für sie.
Sie stellt sich den Gefahren, leidet still und auch wenn ihre Hülle zerschunden und zerschlagen ist – kämpft sie weiter.

Wie viel kann ein Mensch ertragen?

Ich habe mich verliebt. Hals über Kopf. Liebe auf den ersten Blick. Ich sah ihn und wusste, er ist es. Er ist so freundlich und herzlich zu mir. Er tut mir unheimlich gut. Nach nur sechs Monaten gingen wir eine Ehe ein. Wir waren uns einig und legten einen super Start in unserer Beziehung hin. Er zeigte mir jeden Tag, wie es richtig sein sollte. Denn vor ihm hatte ich schon eine Beziehung, ich wurde schwanger und eine Fehlgeburt brachte mich dazu, Abstand aus dieser Beziehung zu nehmen. Es passte vieles nicht. Doch jetzt war ich mir so sicher. Denn er war anders. Nett, lieb, trug mich auf Händen, ich liebte ihn so sehr. Kaum verheiratet wurde ich von ihm schwanger und es schien, dass es kein größeres Glück geben könnte.

Wir lebten in der ehemaligen DDR in einem kleinen Städtchen. Man könnte auch Dorf dazu sagen…*Ist das wichtig – ja, irgendwie schon…Erinnerungen können manchmal etwas zu einem Zeitpunkt enthalten, an dem sie nicht wichtig erscheinen… doch später sind es genau diese Erinnerungen, die helfen, zu verstehen.*

Ich ging aus dem Haus meiner Schwiegereltern. Ich war hochschwanger. Sie winkten mir vom Fenster aus zu. Mein Mann wartete in der Einfahrt auf mich. Ich drehte mich zu ihm um und dann . . . Ich sah es nicht kommen. Er schlug mir mitten ins Gesicht. Geschockt starrte ich ihn an. Konnte nicht begreifen, was er gerade getan hatte. Sein Gesicht war eine verrissene Grimasse. Einen Augenblick später murmelte er: „Manchmal geht es mit mir durch.“

Meine Wange brannte und schweigend ging ich mit ihm. Immer wieder sagte er mir, dass es ihm leidtue. Ich war einfach nur geschockt, schwieg. Am nächsten Tag brachte er mir Rosen mit und entschuldigte sich wieder. Auch wenn ich es immer noch nicht begriff, warum er es getan hatte, vergab ich ihm.

Endlich war er da, unser Sohn. Ein Kind der Wende. In einem freien Land geboren. Ich hatte mein Mutterjahr angetreten (Mutterschutz), das bei uns damals üblich war. Doch durch die Grenzöffnung verloren wir beide unsere Jobs. Ich hatte Glück und ein Unternehmer aus der BRD bot mir eine Stelle an. Er hatte Marktstände und er meinte zu mir, ein bisschen auf dem Markt rumschreien sei auf jeden Fall besser, als arbeitslos zu sein. Ja, wir brauchten das Geld, denn mein Mann fand keine Arbeit. Er lungerte nur noch zu Hause oder in Kneipen rum. Mein Sohn kam in die Kinderkrippe, so konnte ich arbeiten gehen.

Eines Tages kam ich nach Hause, er sah mich und schon hatte ich seine Faust im Gesicht. Der Schmerz raste mir durch den Körper und ich ging zu Boden. Dann trat er gegen meine Rippen. Schmerz, mein ganzer Körper bestand nur aus Schmerz. Ich roch den Alkohol und blieb liegen. Er ging aus dem Zimmer. Irgendwann schleppte ich mich zu meinem Sohn. Mein Mann war weg.

Am nächsten Tag brachte er mir wieder Blumen mit und entschuldigte sich. Es tue ihm so leid. Das wollte er nicht. Mein Gesicht war blau, meine Wange geschwollen und meine Rippen schmerzten, dass ich kaum atmen konnte. Doch er saß vor mir und entschuldigte sich wieder einmal.

Ich suchte das Gespräch mit seiner Mutter. Sie erzählte mir, dass sein leiblicher Vater auch Alkoholiker war und sie oft geschlagen habe. Mein Mann hatte das als Kind oft mitbekommen, bis sie die Kraft fand, sich zu trennen. Ich selbst wuchs mit dem Thema Alkohol auf, denn auch meine eigene Mutter war von dieser Sucht betroffen und ich hatte den Kontakt abgebrochen. *Doch war das eine Entschuldigung für sein Verhalten?*

Er trank immer mehr. Täglich musste ich mit Angriffen rechnen. Meist unverhofft und von hinten. Es reichte schon eine kleine Frage und er schlug zu. Woher er gerade komme oder ob er etwas zu essen wolle? Ganz alltägliche Fragen wurden zur Gefahr. Er brach mir mehrmals das Nasenbein, Rippen, Finger, Knochen. Mein Körper bestand aus Hämatomen, die nie ganz verheilten, weil direkt wieder Neue dazukamen. Mehrmals lag ich im Krankenhaus. Dort flickte man mich wieder zusammen. Unser Dorfpolizist nahm so manchen Fall auf, doch für Gewalt in der Ehe gab es noch keine Gesetzeslage. Man solle doch miteinander reden und nicht so kleinlich sein.

Ich isolierte mich vollkommen von der Außenwelt. Ich hatte panische Angst. War wie erstarrt. Ich versuchte alles zu vermeiden, um ihm keinen Grund zu geben, mich wieder zu verprügeln. Wenn ich die Tür hörte, die mir anzeigte, dass er kam, bekam ich kaum Luft, war wie versteinert. Er war nur noch dauerbetrunken. Die Kneipe war seine zweite Heimat geworden. Ich hatte 45 kg und er über 100 kg. Ich konnte nur versuchen, zu überleben.

Wisst ihr, wie es sich anfühlt, wenn das Nasenbein bricht? Es ist ein Gefühl, als würde dir dein komplettes Gesicht nach innen gedrückt. Die Nerven im Gesicht schlagen Alarm und dein Kopf fühlt sich an, als würde er bersten. Du möchtest schreien, kannst es aber nicht. Deine Augen schwellen zu und wenn dein Kiefer mit erwischt wurde, kannst du nicht mal schreien. Es ist ein brennender, beißender Schmerz und du wünschst dir einen schnellen Tod herbei. Dein Körper und dein Geist schreien innerlich lautlos und doch schrill. Wenn Rippen eingeschlagen werden, hörst du das Knacken, das in deinem ganzen Körper widerhallt. Der Schmerz rast wie ein Schnellzug durch alle deine Glieder, explosionsmäßig. Soll ich noch mehr schildern? *Nein – ich belasse es dabei, doch ich möchte hier noch einmal erwähnen, dass ich eine junge Frau war, die gerade mal 45 kg auf die Waage brachte.*

Ich wurde sein ganz privater Punchingball. *(Er trainierte aber auch in der Kneipe und auch dort war er immer wieder in Schlägereien verwickelt, doch das erfuhr ich erst sehr viel später.)* Jeden Tag aufs Neue wurde ich als Angriffsfläche genutzt. Kurze Erholungsphasen hatte ich in der Klinik, doch auch dort wollte ich schnell wieder raus, denn ich hatte Angst um meinen Sohn, den er jedoch nie angefasst hat. Sexuelle Übergriffe gab es auch nicht, diesbezüglich war er ein ganz normaler Mann.

Wir wohnten in einem Neubau und die Wände waren hellhörig. Erinnert ihr euch? Es war ein kleines Dorf. Alle kennen dich, doch keiner kennt dich… – Ja, ihr habt richtig gelesen, nur am Ende fehlt etwas … – wenn du in Not bist.

Glaubt nicht, dass mir jemand zur Hilfe kam. Nein – alle steckten den Kopf in den Sand und sie hörten nichts. Ich machte Anzeigen wegen Körperverletzung, doch sie wurden immer wieder eingestellt und als harmlose Streitigkeiten in der Ehe herab gespielt. *Denkt es nicht nur – sondern sprecht es aus. Warum bin ich bei ihm geblieben? Wie doof war ich?*

Ich hatte meinen Sohn. Ihn musste ich schützen. Für ihn tat ich das Unvorstellbare und ließ mich jeden Tag aufs Neue verprügeln. Es gab keinen anderen Ausweg, als es über mich ergehen zu lassen. Ich war in einer Schockstarre gefangen. Gefangen in meinem eigenen Körper und gefangen in meinem beschissenen Leben.

Doch wenn ihr denkt, es war eine Befreiung, als ich den Absprung endlich schaffte, dann liegt ihr falsch, denn dann ging es erst richtig los.

Meine Schwiegermutter war gerade mit ihrem neuen Mann zu Besuch. Es sollte ein schöner Nachmittag werden. Wir tranken Kaffee und unser Sohn spielte. Ich hörte die Haustür. Dann öffnete ich die Tür zum Wohnzimmer und mein Mann erschien mit einer Flasche in der Hand. Wie immer besoffen. Er sah seine Mutter und schmiss plötzlich die Flasche in meine Richtung. Ich wich ihr aus und sie zerschellte an der Wand. Die Splitter flogen durch das ganze Zimmer. Seine Mutter war geschockt und fragte ihn, was das sollte.

Daraufhin schrie er sie an: „Du hast mir nichts zu sagen!!“

Ich fegte die Scherben zusammen und kurz darauf gingen sie auch nach Hause. Der Kleine lag zwischenzeitlich in seinem Bettchen. Kaum waren sie gegangen, kam er ins Zimmer, packte mich… und ich weiß nicht mehr genau, wie es dazu kam…plötzlich hing ich aus dem Fenster. Er hielt mich nur an einem Arm fest. Wir wohnten im 3.

Stock. Wie im Nebel hörte ich ihn brüllen: „Du dreckige Schlampe!“

In diesem Moment zog mein Leben an mir vorbei. Ich sah mich unten auf dem Beton liegen. Mein Körper zerschlagen, gebrochen, zermatscht. Meine Seele schwebte darüber, schreiend, blutend, voller Angst und Panik. Mein Herz raste und es herrschte eine Stille wie die Stille des Todes um mich herum. Wie lange er mich aus dem Fenster hängte – keine Ahnung. Es war für mich ein ganzes Leben lang. Irgendwann zog er mich wieder rein. Ich lag auf dem Boden – er ging.

Angstvoll rief ich einen Freund an. Auch wenn ich schon sehr lange keinen Kontakt mehr hatte, bat ich ihn, mich abzuholen, und er fragte nicht lange, sondern machte sich auf den Weg. Ich packte einige Sachen zusammen und schnappte mir meinen Sohn. Es waren panische Minuten, immer in der Angst, dass mein Mann zurückkommt. Als ich endlich im Auto saß und es anrollte, atmete ich aus. Es kam mir vor, als hätte ich die ganze Zeit die Luft angehalten. Meine Glieder zitterten wie Espenlaub und das Adrenalin pumpte vor Angst durch meinen Körper. Er brachte uns zu meiner Mutter. Nicht gerade die beste Lösung, doch die einzige, die mir einfiel. Sie schaute mich an, dann ihren Enkelsohn und ich sah etwas in ihren Augen – wie, als wenn ein Schalter umgelegt wurde. Vergessen waren die Differenzen der Vergangenheit. Sie ließ uns hinein.

Am nächsten Tag stand mein Mann schreiend vor der Tür. „Gib mir die Schlampe zurück, du alte Fotze!“, waren harmlose Ausdrücke. Doch er hatte die Rechnung nicht mit meiner Mutter gemacht. Sie hatte über 120 kg, war jahrelang Wirtin und hatte ein Auftreten wie ein Bulldozer. Sie schrie ihn an, er solle sich verpissen und die Wohnung räumen. Sollte er sich uns noch mal nähern, würde es Konsequenzen geben. Tja, so stark mein Mann auch mir gegenüber war, gegen meine Mutter kam er nicht an.

Sie machte ihm tatsächlich Angst, denn er räumte unsere gemeinsame Wohnung, zog aus und ich konnte wieder zurück. Meine Mutter machte einen kalten Entzug. Für ihren Enkelsohn und für unsere Familie. *Sie wurde eine wundervolle Oma.* Ich reichte die Scheidung ein.

Meine Stelle auf dem Markt hatte ich noch. Mit dem Bulli des Markthändlers konnte ich Waren holen und ihn auch hin und wieder privat nutzen. Mein Sohn ging mittlerweile in den Kindergarten. Unterhalt sah ich keinen Pfennig und ich machte eine Unterhaltsklage.

Eines Tages wollte ich kurz in der Nebenstraße etwas einkaufen. Mein Sohn blieb allein zu Hause. Das konnte ich gut verantworten, denn er war in dieser Beziehung schon sehr selbstständig, wenn ich für wenige Minuten außer Haus war.

Als ich nach 15 Minuten wieder zurückkam, stand die Eingangstür offen. Länger war es nicht, denn es war nur um die Ecke. Voller Panik ließ ich die Tasche fallen und rannte rein. Alles war verwüstet und mein Sohn war weg. Ich rief sofort die Polizei. Doch unser Dorfpolizist meinte nur, da könne er nichts machen. Mein Mann sei ja der Vater des Kindes. Ich schrie und Panik überkam mich.

Ich fuhr zur nächsten Stadt und ging dort zur Polizei, doch auch sie sagten, dass sie nichts tun könnten. Wenn, dann müsste ich mir eine Verfügung vom Gericht holen.

Wisst ihr, wie man sich in diesem Moment fühlt? Man bekommt eine enorme Wut, einen Hass und das Ganze ist gespickt mit Verzweiflung. Es sind Schmerzen der Seele, Hoffnungslosigkeit und Unverständnis. Ich verstand das Leben nicht mehr. Mein Körper trug die Zeichen der Qual und nun brannten sich auch in meinen Inneren tiefe Wunden ein. Doch ich funktionierte, denn ich wollte meinen Sohn zurück.

Also fuhr ich zu seiner Mutter und ihrem neuen Mann. Ich war kaum ausgestiegen, als die Tür aufging und der neue Mann seiner Mutter herauskam. „Was willst du Nutte hier! Verpiss dich. Geh ficken, das ist das Einzige, das du kannst!"

Ich war geschockt. Was war mit ihnen los? Wir hatten uns sonst immer gut verstanden. (*Später erfuhr ich, dass mein Mann ihnen erzählt hatte, ich würde jede Nacht mit dem roten Bulli am Straßenrand stehen und Freier empfangen.)*

Mein Sohn war nicht bei ihnen und ich war mittlerweile panisch. Dann fiel mir seine Schwester ein. Sie wohnte weiter weg und ich musste die Nacht im Bulli überbrücken, denn ohne die einstweilige Verfügung zur Herausgabe meines Kindes wollte ich nicht dort auftauchen. Morgens holte ich mir am Gericht das Schriftstück, das mir, nach sehr langem Gerede, ausgestellt wurde. Eine Anzeige wegen fehlenden Kindesunterhalts lief noch. Das konnte ich zur Anzeige bringen, die Körperverletzung aber nicht …Na ja, er hatte mir eben versehentlich den Finger gebrochen. Anscheinend normal in einer Ehe. Die Gesetzgebung war wirklich in den 80ern noch nicht weit. (*Heute ist Gewalt in der Ehe eine Straftat und ich begrüße dieses Gesetz von ganzem Herzen.)*

Ich holte meinen Sohn zurück. Ich kämpfte für ihn. Er war mein Halt, meine Kraft, das, was mich am Leben hielt.

Die Scheidung schien wie in einer Dauerschleife zu hängen, denn er unterschrieb nicht, wollte, dass wir zurückkommen. Er lauerte mir so oft auf, dass ich ständig auf der Hut war. Jeder Gang vor die Tür war ein Spießrutenlauf und mit Ängsten verbunden. Ich jobbte nebenbei noch als Bedienung in einer Kneipe und als er mich dort bedrohte, hatte ich Glück, dass ein Bikerclub gerade vor Ort war, und diese Jungs standen auf und halfen mir. Es war alles dabei. Zerstochene Reifen, beschmierte Haustür, immer wieder verbale Angriffe und Drohungen ohne Ende. Es war ein einziger Psychoterror.

Ich lernte einen neuen Mann kennen. Es war kein einfacher Weg für ihn, mich kennenzulernen. Denn ich war eine geschlagene Frau, an der Seite eines Widerlings. Da ist Vertrauen so gut wie gar nicht möglich und ich rechne es meinem jetzigen Mann hoch an, dass er Geduld mit mir hatte. Er bekam alles mit und irgendwann kämpfte er an meiner Seite. Ich war plötzlich nicht mehr allein. Ein Gefühl, das ich gar nicht mehr kannte, befand sich plötzlich wieder in meinem Inneren.

Die Gerichtsverhandlung wegen des Unterhalts kam und einen Tag davor lauerte mir mein Mann auf und bedrohte mich körperlich. „Sagst du vor Gericht aus, töte ich dich."

Seine Worte haben sich in mein Hirn eingebrannt. Doch ich wurde nicht in den Zeugenstand gerufen und das Urteil war die größte Blamage, denn er wurde freigesprochen. Ich konnte es nicht fassen. Man sagte zu mir, ich könne Einspruch einlegen, doch ich wollte nur Gerechtigkeit und ersuchte einen Termin bei der Richterin.

Ich stand vor ihr und fragte: „Sind meine Ehre und mein Leben nichts wert? Wie viel soll ich noch ertragen?"

Es kam zu einer neuen Gerichtsverhandlung und in dieser bekam er sieben Jahre Freiheitsstrafe, weil Vorstrafen wegen Körperverletzung herangezogen wurden. Das war für mich Neuland, denn das wusste ich bis zu diesem Augenblick noch nicht. Doch er hatte wohl in einigen Kneipenschlägereien Anzeigen bekommen. Auch stand eines Tages der Gerichtsvollzieher vor meiner Tür und dabei kam heraus, dass er meine Wohnung als Meldeadresse angegeben hatte. Von Schulden, die er über meinen Namen noch gemacht hat, will ich gar nicht erst anfangen zu erzählen.

Ich wurde wieder schwanger und mein Ex-Mann saß im Knast und meine neue Liebe wollte mich heiraten. Also gingen wir den Weg über das Oberlandesgericht, um endlich meine Scheidung rechtskräftig zu machen.

Sieben Jahre waren vergangen. Von dem Tag an, als ich aus dem Fenster hing, flüchtete und die Scheidung einreichte. Zu drei Jahren körperlicher Misshandlung kamen noch sieben Jahre psychische Misshandlung hinzu.

Zehn Jahre meines Lebens, gefangen in einen Albtraum.

Nach sieben Jahren Haft wurde mein Ex entlassen, lernte eine neue Frau kennen, bekam wieder ein Kind und auch sie beherrschte er mit seinen Fäusten. Heute ist er ein schwer kranker Mann.

Ich lebe immer noch mit dem Mann zusammen, der mich in einer der schwersten Zeiten meines Lebens fand und mir zur Seite stand in einer wunderbaren Beziehung. Sie zeigt mir jeden Tag aufs Neue, dass es immer einen Ausweg gibt. Ich lebe mein Leben heute viel intensiver und erfreue mich an allen Dingen, die mich glücklich machen. Denn ich kenne die dunkelste Dunkelheit.

Narben trage ich an meinem Körper, doch sie sind heute Sinnbilder meines Kampfes und auch des Sieges. Meine Nase ist nicht die Schönste. Jeden Tag stehe ich vor dem Spiegel, sehe sie an und dann blicke ich in meine Augen, sehe tief hinein und höre meine Seele lachend die Worte sagen: „Du hast die schönste Nase von allen, denn sie hat Kämpfe überlebt, an denen manch anderer gescheitert wäre.“

Doch eines ist bis heute geblieben. Man darf mich nicht von hinten anfassen oder sich von hinten an mich heranschleichen. Dann ballen sich sofort meine Fäuste und mein Körper verkrampft sich. Eine stetige Bereitschaft, mich zu verteidigen, durch die Angst und die körperlichen Leiden entstanden und tief in meinem Unterbewusstsein verankert.

Wie viel kann ein Mensch ertragen?
Die Frage ist nicht wichtig.
Wichtig ist die Frage:
Warum erträgt ein Mensch so viel?

Mein Anker war mein Sohn. Ohne ihn wäre ich heute nicht mehr hier, denn er gab meiner Seele und auch meinem Körper die Kraft, das alles zu ertragen.

Ich habe überlebt. *1969

Auf ein Wort zwischendurch

Gewalt beginnt nicht „erst“ bei körperlicher Gewalt, sondern sie beginnt schon in dem Augenblick, wo jemand zum Beispiel beschimpft, erniedrigt, bedroht, kontrolliert oder in seiner Freiheit eingeschränkt wird. Doch sind körperliche Züchtigung, schlagen, prügeln, auch eine einfache Ohrfeige respektlos und ein absolutes No Go.

Egal, welches Geschlecht gegen welches, es ist ein Zeichen von fehlendem Respekt, zuzuschlagen. Es gibt keine Entschuldigung. Ausrutscher, ein Versehen, eine Emotion, die übergelaufen ist, Alkohol- oder Drogenkonsum.

Nein – dem Partner Schmerz zuzufügen, ist Missbrauch. Seine Emotionen in Gewalt durch verbale Schläge auszudrücken, ist falsch. Hier muss man auf der rationalen Gefühlsebene bleiben. Gefühle können schnell mal bedrängend sein. Man möchte Dampf ablassen und wer ist dazu besser geeignet als ein Schwächerer, der sich nicht wehrt oder noch zurückschlägt? Hat man Erfolg damit, macht man es schnell wieder. Dazwischen keimen Selbstzweifel und auch das schlechte Gewissen auf. Doch in den meisten Fällen ist es so, dass, wer einmal in der Partnerschaft zuschlägt, es immer wieder tut. Doch Liebe und vor allem Gewohnheit hält viele davon ab, sich daraus zu befreien. Oft sind auch noch die Umstände wie Kinder oder Existenz daran geknüpft. Man glaubt an das Gute im Partner und entschuldigt viel. Oft möchte man auch nicht zugeben, dass man sich nicht gewehrt und dass man es zugelassen hat. Es ist einem peinlich, denn man zeigt Schwäche. Dazu kommen die Scham und auch der Schock, der es verhindert sich aus einer Beziehung zu befreien, in der geprügelt wird. Auch ist hier oft nicht nur die körperliche Prügelgewalt, sondern auch noch ein seelischer Missbrauch vorhanden. Sie spielen zusammen.

„Geh doch, wenn du geschlagen wirst. Lass dir nichts gefallen“, ist leicht gesagt. Doch sehr oft fehlt es hier an eigener Kraft und auch einfach Freunden/Familie, die einem die Hand reichen. Wer zeigt schon gerne seine schwache Seite? Doch hier loszulassen, den Schritt zu gehen, egal, wann und wie lange es dauert, bedarf großer Kraft.

Das Gesetz gegen Gewalt in der Ehe wurde erst am 04. Juli 1994 erlassen. §177STGB.

Sagt euch die Istanbul-Konvention etwas? Die im Europarat zusammengeschlossenen Staaten haben diese 2011 beschlossen, jedoch in Deutschland trat sie am 01.02.2018 erst in Kraft. Hierbei wurde geschlechtsspezifische Gewalt als Menschenrechtsverletzung anerkannt.

Seit 01.10.2023 tritt das Übereinkommen zur Istanbul-Konvention der Europäischen Union in Kraft. Das heißt, ihr Geltungsbereich ist auf ganz Europa ausgeweitet.

Der Begriff Frau darin schließt dabei explizit Mädchen unter 18 Jahren mit ein. Zentrale Zielgruppe aller Maßnahmen sind damit alle heterosexuellen, lesbischen, bisexuellen Frauen und Mädchen. Das umfasst alle Menschen, die sich als Frau identifizieren, zum Beispiel auch intergeschlechtliche und Trans-Frauen und -Mädchen (sowie nicht binäre Personen).

Quelle: BMFSHJ

Peridot

„Manchmal ist Schweigen der lauteste Schrei, denn wenn die Seele weint, sind Tränen nicht zu sehen.“

(Verfasser: unbekannt)

EinBlick

Ich bin schuld.

Wie oft denken und sprechen wir es aus?
Wie oft ziehen wir uns zurück und nehmen eine Schuld auf uns?
Wie oft suchen wir Fehler bei uns selbst, versuchen uns zu entschuldigen, für Worte, Gefühle und auch Taten, obwohl wir wissen, dass dies nicht richtig ist?

Unser Unterbewusstsein schreit uns an, doch wir erhören es nicht, denn wir suchen Liebe, Verständnis und Geborgenheit.
Wir halten an etwas fest, das schon lange vergangen ist.
Wir kämpfen auf verlorenem Posten, ohne weiterzugehen.
Wir lassen uns ausnutzen und merken nicht, dass man uns manipuliert. Doch ist man deshalb schwach?

Nein – denn oft ist man nur zu einem Werkzeug geworden.
Hineingezogen in eine Welt, ganz unbewusst, aus der das Herauskommen ein richtiger Kampf ist.

Ich laufe durch die Fußgängerzone. Gehe in Geschäfte, schaue mich hier und da um, dann setzte ich mich in die Eisdiele und trinke mir einen Eiskaffee. Ein ganz normaler Mensch. Doch immer wieder schaue ich mich um, fühle mich beobachtet. Aber da ist nichts. Das Gefühl bleibt bei mir. Unsicherheit, Angst und der Glaube, dass man mir ansieht, was ich gemacht habe. Habe ich etwas gemacht? Nein – heute bin ich schlauer, denn ich habe nichts gemacht. Doch das Gefühl bleibt trotzdem. Sieht man es mir an, was mit mir gemacht wurde? Die Fragen, diese Ungewissheit beherrschen mein Leben und trotz allem lebe ich unter euch.

Es war einmal…Heute würde man uns sozialschwache Familie nennen, doch damals waren wir einfach nur der Abschaum, nichts wert, arm, Nichtsnutze. Meine Eltern waren Trinker und ich lebte eben. Essen gab es nicht regelmäßig. Die Bude, in der wir hausten, war alt und schimmelig, roch immer nach Alkohol. Meine Eltern bemühten sich wirklich sehr, naja, sofern sie nüchtern genug waren. Nette Worte gab es kaum, meist keiften sie mich an, dass ich sie in Ruhe lassen sollte und nicht nerve. Ich war gerade 11 Jahre alt geworden, wir schrieben das Jahr 1959. *Warum ich das Jahr erwähne? Damit ihr begreift, dass es andere Zeiten waren. Heute gibt es für alles ein Amt, eine Prüfstelle usw. Früher achtete kein Lehrer groß auf das einzelne Kind und Vorsorgeuntersuchungen waren auch nicht gegeben.*

Ein Mann sprach mich auf der Straße an und fragte, ob ich mir ein paar Pfennig verdienen möchte. Warum nicht?

Mein Gedanken waren Süßigkeiten, die ich sonst nie bekam, außer ich habe sie gestohlen. Meinen Eltern war das egal, solange ich die Schule besuchte. Fragt mich nicht, wie ich es schaffte, die Schule zu beenden. Das weiß ich wirklich nicht und frage es mich heute noch selbst.

Ich ging mit dem Mann mit. Er brachte mich in ein altes Haus, dort war ein Raum. Er zeigte mir ein paar Pfennige und meinte, wenn ich sie haben möchte, soll ich einfach leise auf dem Stuhl sitzen und zusehen. Wenn ich jedoch meine Augen abwende, bekomme ich nichts. Dann kamen zwei andere Männer herein, mit einem Jungen, der etwas älter war als ich. Sie zogen sich aus und der Junge blickte mich an. „Bringt Kohle“, sagte er nur. Ich weiß nicht mehr, was ich dachte, als ich sah, dass einer der Männer den Jungen über einen Tisch beugte und seinen Schwanz in dessen Hintern quetschte. Der Junge verzog keine Miene. Das weiß ich noch, denn ich saß so, dass ich ihm ins Gesicht schauen konnte. Es dauerte nicht lange, dann kam der andere dran und dann zogen sich alle wieder an. Der Junge bekam ein paar Scheine zugesteckt und ging. Die Männer schauten mich an und der, der mich hergebracht hatte, meinte zu mir: „Hier hast du deine Pfennige. Wenn du mehr möchtest …hast ja gesehen, was du dann machen kannst.“

Dann durfte ich gehen. Ich ging direkt Bonbons kaufen. Es war nicht viel, was ich bekommen hatte. Gerade mal für zwei Bonbons, doch ich fühlte mich total reich. Ja, mein Leben war armselig.

Es zog mich wieder hin zu dem Haus und schon nach ein paar Tagen saß ich wieder in dem Raum und schaute zu. Einer kam zu mir, mit wippendem Schwanz und meinte, wenn ich ihn in den Mund nehme, bekomme ich eine Schokolade. Er zeigte sie mir. Fragt nicht, warum, doch ich tat es. Es ekelte mich, doch was tut man nicht alles für Schokolade. Es waren eben nicht die besten Zeiten, in der besten Gegend.

Irgendwann fragten sie mich, ob ich auch mal auf den Tisch möchte. Mehr Geld verdienen. Es war nie Zwang dabei, sie überließen mir die Entscheidung, doch sie köderten mich mit Geld, das ich leider nie hatte.

Das erste Mal war trotz allem schmerzhaft. Obwohl sie mich mit irgendetwas einschmierten. Ich glaube, es war Fett. Gefallen hatte es mir nicht, doch scheiß drauf, ich brauchte das Geld. Der andere Junge schaute zu und ich denke, jetzt im Nachhinein, nur dadurch ließ ich es trotz Schmerzen mit mir machen.

Ich freundete mich auch mit dem Jungen an und es dauerte nicht lange und ich war ein Teil des Jungenstrichs. Ich hatte Geld in der Tasche. Naja, es war nicht viel, doch gerade so viel, dass ich mir etwas zu essen kaufen konnte. Denn mittlerweile bemerkten mich meine Eltern gar nicht mehr. Sie waren nur noch im Alkoholrausch. Ich schnorrte mich durch und stahl, denn gekocht hatte meine Mutter schon lange nicht mehr. Durch den anderen Jungen lernte ich wieder andere kennen und irgendwann hauste ich mit ihnen in einer alten Lagerhalle. Es war normal geworden, dass ich meinen Arsch hinhielt. Hat es mir gefallen? Nein, zu dieser Zeit nicht. Es war ekelhaft und ich habe oft danach gekotzt. Irgendwann rauchte man etwas Gras. Nach Hause ging ich dann auch nicht mehr. Ich wurde in ein Netzwerk gezogen, aus dem ich nicht mehr herauskam.

Wechselte die Städte und war in verschiedenen Abrisshäusern zu Hause. Obdachlos, ja irgendwie war ich es.

Erwischt wurde ich mit 16 Jahren, als ich gerade einen Kerl in der Gasse einen blies. Ich wurde weggesperrt. Denn als ich angab, dass ich es freiwillig gemacht hatte, hielten sie mich für verrückt. Na ja, ich war auch ziemlich zugedröhnt. Doch im Nachhinein war es meine Rettung. Ich blieb ein paar Monate in einer Anstalt, dann kam ich in ein Kinderheim. Es war mehr ein Internat. Die Lehrer waren streng und glaubt mir, ich spürte den Rohrstock, und das nicht nur einmal.

Ich machte eine Lehre in einer Schreinerei. Es machte mir Freude, mit Holz zu arbeiten. Meine Vergangenheit schob ich weit zurück. Meine Eltern gab es nicht mehr. Erst wurde ich in die Obhut des Amtes übergeben und irgendwann sagten sie mir, dass meine Eltern verstorben seien. Warum, weswegen habe ich nie erfahren und hat mich auch nie interessiert. Ich bekam sehr strenge, jedoch auch gute Unterstützung. Ich absolvierte den Wehrdienst.

Mein Leben drehte sich um 180 Grad. Verdrängt war meine Vergangenheit.

Nach dem Wehrdienst lernte ich meine erste richtige Freundin kennen. Ich hatte eine kleine Wohnung, einen Job – was wollte ich mehr? Doch hier fingen die Probleme an. Der Sex war gut, doch ich hatte immer mehr das Gefühl, dass etwas fehlte. Ich ertappte mich dabei, dass ich mir während des Aktes vorstellte, dass mich ein Mann von hinten nahm. Ich ekelte mich selbst davor. Ich verabscheute meine eigenen Gedanken. Fing das Trinken an. Meine

Freundin stellte mir die Wahl. Entweder ich mache einen Entzug oder sie ist weg.

Wieder stand ich vor einem Scheidepunkt in meinen Leben. Doch ich ging in Therapie und ich bin ihr heute noch dankbar, dass sie mich nicht aufgab. In einem meiner Alkoholexzesse erzählte ich ihr von dem, was ich als Jugendlicher getan habe. Doch sie … verurteilte mich nicht. Sie brachte das erste Mal den Gedanken darauf, dass es Missbrauch war. Obwohl freiwillig – nein, es war nicht freiwillig, ich wurde erpresst. Ich war ein Kind. Sie wussten, wie sie es angehen mussten, damit ich hörig war und mitmachte. Ja, es war Missbrauch. Ich hatte nie eine andere Wahl zu dieser Zeit. Schon dadurch, dass mich meine Eltern vernachlässigt hatten. Die Versuchung wurde mir zum Verhängnis und sie wussten, wie sie ein Kind dazu brachten. Sie nutzten die Schwäche des Kindes aus. Ich war fünf Jahre in Therapie und habe bis heute nicht zugegeben, dass mich Männer benutzt haben. *(Die Lüge: Ich habe immer nur Hand oder Mund angelegt. Gevögelt nie.)*Warum habe ich gelogen? Nein, gelogen nicht, nur etwas ausgelassen. Denn ich bin nicht schwul und hier traute ich keinem, nicht mal der ärztlichen Schweigepflicht. Denn die Menschen hätten mich verurteilt und beschimpft, als Stricher, der ich einst war, auch wenn mein Leben heute ganz anders ist.

Meine Frau war die Einzige, die es je alles erfahren hatte, und sie hat es mit ins Grab genommen. Sie war mein Anker, meine Stärke. Jetzt, wo ich älter werde und alleine bin, kommen die Erinnerungen öfters hoch. Doch ich schaue mich dann um und sehe, was ich geschafft habe und dass ich heute noch lachen kann. Es hat mich nicht zu einem schlechten Menschen gemacht und, ja, ich wurde missbraucht. Meine Rechte als Kind wurden schon von meinen Eltern verletzt und dies zog mich hinein in einen riesengroßen Strudel. Heute weiß ich es.

Oft denke ich, dass man es mir ansieht, auch wenn es nicht so ist. Mein ganzes Leben lang war dies immer so ein Gefühl. Beobachtet und verurteilt zu werden. Obwohl da gar nichts ist. Denn man sieht es mir nicht an.

Die Unsicherheit bleibt.

Ich habe überlebt*1949

Auf ein Wort zwischendurch

Die Medien sind voll mit dem Begriff Kindesmissbrauch. Ein Kind ist ein kleiner Mensch, unbescholten, sanftmütig, friedlich, lernbegierig, ungezwungen. Sogar der Geruch dieses kindlichen Wesens strahlt Unschuld und Reinheit aus. Es lässt unsere Beschützerinstinkte hervorkommen. Wie also kann es sein, dass diese kleinen Menschen immer wieder Opfer eines Missbrauchs werden?

Kinder entwickeln sich durchs Lernen von Erwachsenen. Sie sind somit beeinflussbar und wissen noch nicht, was richtig und falsch ist, denn dies ist im Lernprozess des Wachsens verankert. Kinder lieben ungezwungen. Deshalb sind sie erpressbar und gefügig zu machen mit Worten und Taten. Kinder wollen geliebt werden und schützen unbewusst die Menschen, die ihnen guttun, und sich selbst. Durch was? Sehr oft durch schweigen, verdrängen und durch die Angst, entliebt zu werden.

Es geht hier nicht nur um den körperlichen Missbrauch, sondern um vieles mehr. So sind Begriffe wie Schüttelkinder, Münchhausen-Stellvertreter-Syndrom oder Vernachlässigung immer noch nicht geläufig und kaum einer weiß, was sich dahinter verbirgt.

Es dir hier zu erläutern, würde den Rahmen sprengen. Doch mir war es wichtig, ein paar Ansätze weiterzugeben.

Denn Kinder haben Rechte und die oberste Regel der Kinderrechte dabei lautet:

Das Wohl des Kindes steht immer an erster Stelle. Dementsprechend muss gehandelt werden.

Lest mal ins Kinderrecht hinein und ihr werdet erstaunt sein, was für alltägliche, eigentlich selbstverständliche

Dinge darin verankert wurden. Doch warum? – Weil es eben nicht alltäglich und selbstverständlich ist.

Die Definition im Strafrecht ist auch sehr interessant:

Kinder – nach strafrechtlicher Definition minderjährige Personen unter 14 Jahren – können sexuellen Handlungen aufgrund ihres Entwicklungsstands grundsätzlich nicht zustimmen. Das bedeutet, dass Missbrauch selbst dann vorliegt, wenn ein Kind mit der Handlung einverstanden wäre oder diese aktiv herbeigeführt hätte.

Darüber hinaus sind sexuelle Handlungen an Kindern oder Jugendlichen strafbar, wenn sie von Personen ausgehen, denen sie zur Erziehung, Ausbildung oder Betreuung anvertraut wurden. Das umfasst beispielsweise Lehrkräfte oder Trainerinnen und Trainer. Damit sexuelle Handlungen an Jugendlichen zwischen 16 und 18 Jahren strafbar sind, muss allerdings ein Abhängigkeitsverhältnis ausgenutzt worden sein, das sich aus dem Obhutsverhältnis ergibt. (Quelle: UKZASK)

Die Kinderrechte sind übrigens (2023) immer noch nicht im Grundgesetz verankert.

Turmalin

„Ignoranz und Schweigen. Zwei starke Waffen, die so sehr verletzen können.“

(Verfasser: unbekannt)

EinBlick

Warum werde ich ignoriert?
Bin ich nichts wert?
Habe ich keine Bedeutung?
Warum hört man mir nicht zu?
Warum bin ich hier, wenn meine Gefühle nicht zählen? Kein Interesse an meinem Leid, meiner Angst, meinem Befinden. Schweigen. Schweigen soll ich. Still und leise sein. Kein Wort. Kaum hole ich Luft, um zu reden, heißt es: „Sei still."

Wozu habe ich sprechen gelernt? Ist es weg, wenn es ignoriert wird? Macht es die Sache ungeschehen?

Wird es zu einem schlechten Traum und die Realität verschwindet?

Ist es richtig, einfach still zu sein? Für mich bedeutet Ignoranz, wertlos zu sein, und Schweigen ist mein Albtraum. Es verletzt mich. Diese Stille, nichts zu sagen, frisst mich innerlich auf. Doch ich bin leise, höre auf die Worte. „Sei still."

Denn ich weiß es nicht besser. Ich bin bloß ein Kind. Was ich zu sagen habe, ist unwichtig, interessiert keinen. Doch ich spüre, dass es nicht richtig ist und meine Seele fängt an zu weinen.

Meine Eltern waren geschieden und meine Schwester und ich lebten bei meiner Mutter. Ab und an durften wir unseren Vater besuchen. Er holte uns ab und wir verbrachten einen Tag mit ihm. Als Kind versteht man vieles nicht, auch nicht, warum die Eltern getrennt leben und warum sie sich scheiden lassen. Warum man keine ganze Familie mehr ist. Irgendwann bekommt man gesagt, Mama und Papa trennen sich. Dann muss man als Kind damit klarkommen. Näheres erfährt man nicht und versteht man in so jungen Jahren auch nicht, denken alle. Doch warum redet man nicht offen mit uns Kindern? Man will das Negative der Welt aus unseren jungen Leben heraushalten. Wir werden erzogen im Glauben, das Leben sei fröhlich und bunt. Man versucht, uns Respekt beizubringen, Höflichkeit und das Gute im Menschen zu sehen. Die Familie hält zusammen und hat immer recht. Wir sind Teil einer starken Familie und ihr gegenüber haben wir Respekt zu haben. Vor allem den Älteren gegenüber. Stellen wir uns gegen ein Familienmitglied, sind wir böse und undankbar.

Jedes zweite Wochenende durfte ich meinen Vater besuchen. Manchmal kam meine Schwester mit, aber sie war fünf Jahre jünger als ich, noch ein Baby, und für meinen Vater war das zu viel Anstrengung, uns beide zusammen zu beaufsichtigen. Ich war immerhin schon sechs Jahre alt, ging in die Schule und mit mir konnte man schon etwas unternehmen. Ich liebte die Wochenenden bei meinem Vater. Er ließ mich all das essen, was ich bei Mama nicht bekam. Ich bekam Süßigkeiten und wir gingen sehr oft in den Freizeitpark und auf den Spielplatz. Ich weiß noch, dass Papa mir oft sagte: „Sag Mama nicht, dass ich dir wieder Süßes gegeben habe.“ Nein – ich schwieg. Es war ein Geheimnis zwischen uns. Er sagte mir auch immer, was ich sagen sollte, wenn sie mich fragt, was ich denn zu essen bekommen habe. Wir haben Pommes gegessen, doch Mama sagte ich, es war Gemüse. Als Kind ist das ein Spiel und welches Kind möchte nicht auf Pommes und Süßes verzichten? Habe ich gelogen? Ja, klar – doch es war ein Spiel, das ich mit meinem Vater spielte.

Ich war sieben Jahre alt, als er das erste Mal, als wir aus dem Freizeitpark zurückkamen, mich beim Baden komisch anlangte. Er wusch mich zwischen den Beinen und mir war es unangenehm. Ich sagte ihm, dass ich das alleine kann. Doch er meinte nur, dass Väter ihre Töchter eben waschen. Ich sagte zu meiner Mutter zu Hause, dass Papa mich nach dem Parkbesuch gebadet hatte, und sie sagte: „Gut, dass er das macht und dich nicht dreckig ins Bett gehen lässt.“

Ok, dann ist das wohl richtig gewesen. Mama hat immer recht. Als ich bei Mama badete, passte ich genau auf und auch sie wusch mich überall. Ich versuchte mich auf unseren Ausflügen nicht mehr dreckig zu machen, doch er bestand darauf, mich zu baden. Er meinte immer, dass man sich baden muss, bevor man ins Bett geht. Es nervte, doch ich ließ es über mich ergehen.

Als ich acht wurde, feierte ich zu Hause bei Mama eine Party mit Freundinnen und abends holte mich Papa ab. Ich weiß noch, als er mich durch die Tür seiner Wohnung schob und meinte: „Jetzt bist du schon ein großes Mädchen. Komm, wir baden dich und dann feiern wir deinen Geburtstag. Ich habe Chips und Cola besorgt."

Meine Augen strahlten, denn bei Mama bekam ich nie Chips und Cola und doch konnte ich mich nicht richtig darüber freuen. Denn ich wusste, dass ich erst baden musste. Baden bei Papa war gruselig und unangenehm. Doch ich war ein Kind und Chips und Cola …Ich saß in der Wanne. Ich hatte extra viel Schaumbad hineingetan. Papa kam rein. „Wie soll ich dich finden in dem ganzen Schaum?", scherzte er. Doch ich lachte nicht. Er nahm den Schwamm und fing an, mich zu waschen. „Ich bin jetzt groß, ich kann das alleine", sagte ich. Doch Papa ignorierte mich und wusch mich weiter. Erfuhr an meinem Oberkörper entlang. Der Schwamm war weg. Ich spürte seine Hände. Es war nicht schön, doch ich dachte an die Chips. Seine Hand ging zwischen meine Beine. Ich presste sie zusammen. Doch er drückte sie dazwischen und ich zuckte zusammen, als einer seiner Finger leicht in mich eindrang. Ich wollte das nicht, versteifte mich. Doch dann sagte er: „Entspann dich, denk an die Cola, sonst gibts keine."

Ich war noch ein Kind. Doch ich wusste, dass dies nicht richtig war. Doch was sollte ich tun? Dann war es vorbei. Ich atmete tief durch, geschafft. Wir aßen Chips und tranken Cola auf der Couch. Er gab mir einen Kuss auf den Mund, strich über mein Haar, als ich ins Bett ging. Ich schlief.

Mama sagte, ich könne alleine baden. Ich wäre schon groß. Papa sagte das Gegenteil. Was war richtig? Ich fragte Mama. Sie sagte. „Papa will sich nur um dich kümmern. Lass ihn, wenn er Freude daran hat. Er möchte nicht, dass du schon erwachsen wirst."

Ich hasste baden. Ich versuchte, um die Wochenenden mit Papa herum zu kommen. Ich hatte Bauchschmerzen, mir war schlecht. Doch Mama sagte, Papa kann mich auch pflegen. Ich fügte mich meinem Schicksal. Ich muss Papa gehorchen, das sagte Mama immer, als ich mich weigerte, bei Papa zu baden. Ich sagte, ich habe Bauchschmerzen. Dann kam er mit einer Flasche Öl und ich musste mich hinlegen und er ölte meinen Bauch ein. Meinen Oberkörper. Das mochte ich auch nicht. Es war ekelhaft, es war mir peinlich. Dann badete ich lieber. Ich schaltete ab, ließ es über mich ergehen. Schloss die Augen, hörte sein Schnaufen und spürte seine Hand.

Ich war neun Jahre alt, als er das erste Mal mit seinen Fingern ganz in mich eindrang. Ich schrie, doch er sagte, das müsse sein. Auch dort müsse ich mich jetzt waschen. Es war mir peinlich, das konnte ich Mama nicht sagen. Es war nicht richtig, das wusste ich, doch ich war ein Kind.

Dann kam noch hinzu, dass mittlerweile auch meine Schwester mit zu meinem Vater kam. Er sagte immer wieder, wenn ich nicht höre, werde meine Schwester gebadet. Ich war nicht doof. Sie fragte mich, warum ich so viel bade. Ich sagte, weil ich älter bin. Was sollte ich auch sagen? Irgendwann cremte er mich regelmäßig nach dem Baden ein. Er war mein Vater, doch ich mochte es nicht. Er atmete so komisch dabei und ich musste immer mit geschlossenen Augen vor ihm stehen. Meiner Mutter gegenüber schwieg ich. Sie wünschte uns immer viel Spaß bei Papa und wir sollten hören.

Mit zehn Jahren kam ich auf eine neue Schule und ich musste viel lernen. So passierte es, dass ich nicht mehr so oft mit zu Papa ging. Doch meine Gedanken waren immer bei meiner Schwester. Meine Schwester wurde immer stiller und ich machte mir Sorgen. Ich war zehn Jahre alt, doch ich verstand sehr viel. Ich versuchte, mit Mama zu reden. Doch ihr ging es nicht gut. Sie wurde krank. Krebs. So zogen wir zu Papa. Mama war im Krankenhaus. Ich ließ Papa machen. Lieber ich als meine Schwester. Mama starb und ich…litt schweigend.

Es war kurz nach Mamas Tod, als er sich das erste Mal an mir verging. Ich möchte nicht an diesen Horror zurückdenken. Kann es auch nicht. Die Erinnerung an das erste Mal ist in mir verloren gegangen. Ich denke mir, dass meine Seele es verschlossen hat, weil es einfach zu schmerzvoll und erschreckend für meinen kindlichen Körper war. Irgendwann gehörte die sexuelle Misshandlung einfach dazu. Solange ich hörig war, ging es meiner Schwester gut. Nur das zählte für mich.

Ich war 14 Jahre alt, als mein Vater bei einem Autounfall tödlich verunglückte. Meine Schwester trauerte sehr lange und ich spielte eine Show. Schauspielern konnte ich, denn ich tat es täglich, vor der ganzen Welt. Wir verbrachten noch einige Jahre in einem Heim. Ich machte eine Lehre und dann ging ich meinen eigenen Weg. Erst dann spürte ich diese Erleichterung, diese Freiheit. Meine Schwester studierte und weiß es bis heute nicht. Manchmal, wenn wir über die Zeit bei Papa reden, uns erinnern, schaut sie mich so komisch an. Doch ich lächle dann immer schweigend. Erzähle ihr von den schönen Erlebnissen bei Papa. Von Mama, wie sie uns immer beschützt hat. Erinnerungen, die wie ein Drehbuch von mir in den Jahren geschrieben wurden. Fiktive Unwahrheiten, Lügen und Beschönigungen. Doch ich kann damit leben, denn der Blick nach vorn und der Erfolg meiner Schwester in ihrem Beruf, ließen alle Wahrheiten in mir Verborgen.

Eine ganz normale Familie, mit Dramen und Schicksalen und tiefen dunklen Schatten.

Ich habe überlebt *1963

Bernstein

„Warte nicht, dass dir jemand die Hand reicht, wenn du am Boden liegst.
Eine hilfreiche Hand findest du am Ende deines Armes.“

(Verfasser: unbekannt)

EinBlick

Ständig strecke ich meine Hände aus und ergreife Hände. Es ist zu einer Obsession geworden.

Ist es ein Zwang? Ja, irgendwie schon. Ich sehe tiefer und nehme dieses Gefühl wahr, das in den Menschen ist.

Sehe in die Augen, sehe die Hand, kraftlos und schlapp. Ich ergreife sie. Es hält mich selbst im Gleichgewicht. Dieses Gleichgewicht, das ich brauche. Es hält die Angst zurück, wieder abzudriften. Mich wieder zu verlieren.

Kann man das Leben nennen? Immer dieses juckende Gefühl und doch ist da die Kraft, die sagt:
„Du kannst."

Die Verführung ist groß, doch ich kämpfe dagegen an. Sehe das Grauen vor mir.
Sehe auf meine Hände.
Da sind sie, die helfenden Hände.
Meine Hände.

Schule, was für ein Albtraum. Immer nur lernen, lernen, lernen. Man verbrachte mehr Zeit in der Schule, als das man Freizeit hatte. Doch kaum war der Schultag beendet, schmiss man seinen Ranzen in die Ecke und ab zu den Freunden. Freunde. Die musste man sich erst mal verdienen. Man sah die Älteren, wie sie megacool mit Kippe im Mund rumstanden. Es zog einen förmlich dahin. Erst beobachtete man sie von Weitem und rückte immer ein Stückchen näher heran. Meine Eltern sagten immer, halte Abstand von ihnen. Warum oder Wieso haben sie mir nie gesagt. Eben nur, dass ich nicht in ihre Nähe gehen sollte.

Ich beobachtete, wie einer von ihnen sein neues Mofa, eine Zündapp, präsentierte. Es wurde gejohlt und der Motor aufgedreht. Es zog mich magisch an. Wow, so cool. Ich merkte gar nicht, dass ich plötzlich vor ihnen stand.

„Hey Kleiner, willst auch mal gucken?“

Irgendwie so begann das Gespräch. Ich wollte näher heran, doch schon hatte ich eine Hand auf der Schulter.

„Nee, das muss man sich verdienen. Hier, nimm einen kräftigen Zug.“

Eine komisch aussehende Zigarette wurde mir hingehalten. Ich habe noch nie geraucht und meine Eltern warnten mich davor. Warum, sagten sie mir nicht, nur dass ich die Finger davon lassen sollte. Doch sie waren nicht da. Also was solls. Ich nahm den Stängel entgegen und zog. Doch direkt bekam ich einen Hustenanfall und mir schossen die Tränen in die Augen.

„Na, wohl noch nicht trocken hinter den Ohren. Zisch ab, Kleiner.“

Ich riss mich zusammen und nahm noch einen Zug. Wollte ich doch nicht als schwach angesehen werden. Der zweite ging schon besser, obwohl mir immer noch die Tränen aus den Augen liefen. Einer schlug mir auf den Rücken, dass ich fast vornüberkippte. „Hey, du hast Mumm, Kleiner.“ Alle lachten und grölten.

Tja, das war der Anfang. Von da an konnte ich nicht schnell genug, nach der Schule, meinen Ranzen in die Ecke schmeißen, um zu ihnen zu gehen. Irgendwann erklärten sie mir, dass die Zigarette ein Joint war. Das Zeug benebelte ganz schön und wenn ich nach Hause ging, verkroch ich mich direkt in mein Zimmer. Bald machte ich Besorgungen für sie, dafür durfte ich sogar auf der Zündapp sitzen. Irgendwann landete ich in dem Abrisshaus, wo sie ihr Lager hatten. Dann kam der erste Schluck Fusel. Ich war naiv und sie verlangten immer mehr von mir, doch ich merkte es nicht. Ich schlich mich mit Herzklopfen in den Laden und klaute meine erste Flasche Alkohol. Dafür durfte ich sogar auf dem Mofa mitfahren. Ich hielt mich für cool und beliebt. Immer öfter schwänzte ich die Schule. Meine Eltern merkten nix davon. Heute frage ich mich, warum nicht? Doch sie hatten ihre eigenen Probleme, stritten viel und waren froh, wenn ich ihnen nicht auch noch Probleme machte. Ich bediente mich selbst, wir aßen nie miteinander. Ich kaute ständig Kaugummi, sodass sie nicht rochen, dass ich Alkohol getrunken hatte.

Die Gang, wie sie sich nannten, nahm mich voll ein. Ich war ihr Laufbursche geworden. Immer hörte ich sie sagen, dass ich das tun müsse, um aufgenommen zu werden. Stehlen war schon Alltag geworden. Irgendwann stahl ich nicht nur für sie, sondern auch für mich. Ich liebte das Gefühl, wenn ich Alkohol trank. Es machte mich frei, cool und stark.

Eines Tages, ich war schon ein knappes Jahr bei ihnen, saßen wir wieder in dem Abbruchhaus. Wir hatten schon genug getrunken und auch etwas Gras geraucht.

„Heute bist du reif", sagte einer und zog mich hoch. Ich dachte, so naiv und benebelt ich war, jetzt werde ich ein vollwertiges Mitglied in der Gang. Doch sie zogen mich bäuchlings auf den Tisch. Hielten mich fest und rissen mir meine Hose herunter. „Heute wirst ein Mann", johlten sie. Mir brach der Schweiß aus und ich bekam Panik. Ich weiß noch, obwohl ich stockbesoffen war, dass ich mit dem ersten Schwanz, der brutal in mich drang, nüchtern wurde. Ich schrie und flehte, doch sie sagten nur: „Sei ein Mann, da musst du durch."

Ich war nicht komplett doof und wusste, dass dies nicht normal war. Das war verkehrt. Dann wurde es dunkel.

Als ich zu mir kam, lag ich neben dem Tisch, die Hose noch in den Kniekehlen. Einer von ihnen saß in der Ecke und beobachtete mich. Dann reichte er mir eine Flasche. Ich trank alles auf ex. „Du schweigst, sonst bist du fällig." Mit diesen Worten stand er auf und ließ mich allein.

Ja, ich schwieg, trank und kiffte. Die Szene saugte mich auf. Ich war 15 Jahre alt. Die Schule hatte ich ohne Abschluss beendet und eine Lehrstelle oder einen Job fand ich nicht.

Mit 17 Jahren krachte es zu Hause. Meine Eltern hatten meine Exzesse bemerkt und schmissen mich raus. Nein, warum, wieso, wurde nicht gefragt. Ich richtete mir eine Ecke im Abrisshaus ein. Muffige Matratze, Schimmel an den Wänden. Tagsüber ging ich schnorren und klaute für die Gang und nachts gab es Party. Saufen, Kiffen und irgendwann nahm ich meine erste Nase Koks. Ja, ich hing voll drin.

Ich weiß noch, dass ich einmal auf dem Brückengeländer spazierte. Es ging zwölf Meter runter. Doch die Gang zog mich zurück. Nein, sie ließen mich nicht gehen. So war ich doch immer noch ihr Laufbursche. Sie hatten mich gefügig gemacht. Mittlerweile tat ich für meine nächste Nase Koks alles. Ich ließ mich sogar missbrauchen, wenn sie kein weibliches Loch zur Verfügung hatten. Von mir gab es nur noch eine Hülle. Meine Seele war tot. Zumindest glaubte ich das.

Habt ihr schon mal einen Toten gesehen? Nein? Dann seid froh. Doch für mich war es der Schalter, der mich ins wirkliche Leben zurückwarf. Ich wachte auf, nach einer sehr heftigen Party. Neben mir lag einer der Jungs. Ich stieß ihn an und sah, dass ihm Schaum aus dem Mund floss. Ich schrie und alle kamen angerannt.

„Ach, der hats hinter sich."

Fassungslos schaute ich zu, wie sie ihn zu zweit packten und in einen anderen Bereich des Hauses trugen. Dort konnte man einen Drogentoten finden, aber nicht hier in unserem Teil, der wurde sauber gehalten. Dann kamen sie zurück und tranken weiter, als wäre nichts passiert.

Ich rannte los. Ich rannte und rannte. Nur weg von denen. So wollte ich nicht enden. Ich war voller Panik und ich zitterte, denn ich brauchte dringend Nachschub, doch in meiner Eile hatte ich vergessen, was einzustecken. Ich stand mitten im Wald. Die Bäume kamen auf mich zu, verschlangen mich. Dann wurde es schwarz um mich.

Ich wachte im grellen Licht auf. Doch mein Körper reagierte nicht, auch meine Augen blieben geschlossen. Ich erhaschte Teile von Sätzen um mich herum. „Junkie, auf Entzug, Süchtiger, Penner, ist wohl ein Stricher."

Später sagten sie mir, dass ich sechs Wochen wie im Koma lag. Mein Körper war ein einziger Schmerz. Sie hatten mich am Bett festgebunden, das ich mich nicht selbst verletze. Ich hatte Verlangen nach Alkohol, irgendwie und irgendwie doch nicht. *Irgendein Spaziergänger hatte mich gefunden. Ein alter Mann, welcher mit seinem Hund unterwegs war, erfuhr ich später.* War es mein Glück? Zu der Zeit konnte ich noch nicht damit umgehen. Ich kam in eine geschlossene Anstalt. Man hielt mich für selbstmordgefährdet. Doch nein, ich wollte nicht sterben. Nicht so daliegen mit Schaum vor dem Mund. Sein Bild hatte ich ständig vor Augen und dieses Bild ließ mich nicht los.

Nach etlichen sehr schweren Monaten half man mir auf die Beine. Ich bekam einen Platz in einem Sozialprojekt und einen Raum in einer Wohngruppe. Weit weg von der Stadt, in der ich davor gelebt hatte. In den zahllosen Therapien begriff ich endlich, dass man mich missbraucht hatte. Man hat meine damals noch kindliche Seite verführt und sich zunutze gemacht. Viele werden jetzt sagen, du hast die Flasche zum Mund geführt. Du hast dir das Koks gezogen und du hast die Hose runtergelassen. Ja, ich habe es gemacht. Doch wie es dazu kam, wie man meine Naivität ausnutzte, mich in die Sucht trieb, das sieht keiner. Ich hätte mich wehren können. Ich hätte früher wegrennen können. Na klar, es ist so leicht, als Außenstehender das Opfer zum Angeklagten zu machen.

Heute lebe ich in einer glücklichen Beziehung und schicken Wohnung, habe eine geregelte gute Arbeitsstelle. Meine Vergangenheit ist vergessen. Nein – sie gehört zu mir, denn selbst nach 32 Jahren fasse ich keinen Tropfen Alkohol oder Drogen an. Ich kann nicht in der Nähe dieser Dinge sein, denn sofort sehe ich wieder diesen Toten vor mir, bekomme Panik. Schon der Geruch reicht. Oftmals überlege ich, ob ich das wirklich alles erlebt oder nur irgendwo gelesen habe. Doch Narben an meinem Körper und in meiner Seele zeigen mir täglich, dass es ein Teil meiner realen Jugend war.

Doch ich habe überlebt. *1981

Auf ein Wort zwischendurch

Gewalt gegen Männer findet täglich statt, wird jedoch in der Gesellschaft kaum wahrgenommen oder thematisiert. Häusliche Gewalt, Stalking oder psychische und auch sexuelle Übergriffe sind immer noch ein Tabuthema.

Seit 22. 04. 2020 gibt es das Männerhilfstelefon,
Nr: 0800-1239900, www. männerhilfstelefon.de

Ein Mann verkörpert Stärke und sollte sich selbst wehren können. Diese Vorurteile und Gesellschaftsbilder begünstigen ein Klima der Scham und des Schweigens. Oft wird es auch von den Männern selbst nicht wahrgenommen oder verdrängt. Hier kommt auch sehr oft der Absturz in Form von Alkohol- und Drogensucht. Der Mann fühlt sich nicht mehr als Mann, denn die Gesellschaft gibt vor, dass er nur Täter sein kann, aber nicht Opfer. Sehr oft nimmt das Umfeld einen Hilferuf von einem Mann nicht ernst oder er wird sogar abgelehnt. Hier fehlt noch sehr die Aufklärung und es müsste dringend thematisiert werden.

Es gibt eine Männergewaltschutzstelle. Dort wird gerade, 10/2023, darüber beraten, dass alle Opfer von Gewalt, also auch der „Mann“ mit aufgenommen wird in die Istanbul-Konvention.

Wer Hilfe sucht, ist kein Schwächling – egal, welchem Geschlecht er angehört.

Citrin

„Lachen ist Balsam für die Seele – doch heilen tut es sie nicht.“

EinBlick

Gedanken, die kreisen.
Erinnerungen, die an der Seele fressen.
Der Rückblick schmerzend und angstvoll. Ich wünschte, nicht mehr denken zu können.

Einen Schalter, um meine Gedanken auszuknipsen. Doch was würde es mir bringen? Der Rückblick gibt mir auch Stärke. Denn ich habe es ertragen, verschwiegen und verborgen.

Ich stehe noch hier und lachen kann ich auch. Ich habe nicht aufgegeben. Meine Fassade ist gestärkt und meine Maske trage ich voller Stolz. Sie ist mit mir verwachsen.

Die Maske abnehmen – nein – darunter verbirgt sich Leid und Schmerz. Narben, die tief mein Antlitz durchziehen.

Verborgen auf ewig trage ich meine Maske und lache.

Ich hatte es wirklich geschafft und meinen Abschluss vom Gymnasium in der Tasche. Ich weiß noch, wie ich freudig lachend zu Hause ankam. Ich stürmte durch die Tür und lachte und jauchzte. Meine Eltern nahmen mich in den Arm, drückten und herzten mich. Ich hatte länger gebraucht als andere, musste schon mal eine Klasse wiederholen, doch die Rückschläge haben mich zu diesem Ziel gebracht. Andere schafften es früher und ich stand nun mit 19 Jahren hier und freute mich tierisch darüber. Ich war so stolz auf mich. Meine Eltern drückten mir einen Umschlag in die Hand. Ich drehte und wendete ihn. Mama sagte: „Das hast du dir verdient."

Ungeduldig riss ich ihn auf und starrte darauf. Hinter mir hopste meine Schwester jubelnd die Treppe herunter und fiel mir um den Hals. „Hey Kleine, wir zwei reisen ans Meer."

Ich verstand erst mal gar nichts, bis ich genau hinsah und das Flugticket erkannte. Meine Augen wurden größer. Wow, eine Reise nach Mallorca. Ich drehte mich um und tanzte mit meiner Schwester durch den Raum. Wir waren echte Schwestern, immer füreinander da und ohne ihre Hilfe hätte ich die schulischen Anforderungen wohl nie geschafft. Sie war drei Jahre älter als ich und arbeitete schon in einer Anwaltskanzlei. Sie hat mich nie aufgegeben. Jetzt durfte ich mit ihr in den Urlaub fahren. Wow, was für ein tolles Geschenk zum bestandenen Abschluss. Meinen Lehrvertrag bei einer Bank hatte ich schon in der Tasche.

Eine Woche später ging es schon los in den Urlaub. Der Flug war fantastisch und wir waren beide so aufgeregt. Das

Hotel war mega und auf unseren Betten lagen Handtücher wie Schmetterlinge gefaltet. *(Ich erinnere mich an diese Schmetterlinge. Warum gerade an sie, weiß ich nicht. Wir hatten die verschiedensten Kreationen, doch nur an sie kann ich mich erinnern.)*Der Balkon war klein, doch der Ausblick atemberaubend. Unter uns die Poolanlage und in der Weite das Meer. Ich weiß noch genau, wie wir beide mit Tränen in den Augen dort standen und uns anschauten. Ihre Augen genau so überschwemmt wie meine, uns an den Händen haltend. Gleichzeitig sprachen wir: „Auf einen schönen Urlaub.“ Danach brachen wir in Gelächter aus. Wir hatten das öfters, dass wir das Gleiche sagten und dachten. Wir waren nicht nur Schwestern, sondern Seelenschwestern.

Mallorca war sensationell für uns. An jeder Ecke wurde getanzt und Musik erschall von überall her. Wir waren mittendrin. Einfach zwei junge Frauen, voller Spaß und Lebensfreude.

Mir laufen die Tränen lautlos über das Gesicht. Doch ich möchte es erzählen, endlich einmal aussprechen, was wirklich passiert ist. Ich höre noch die Stimme meiner Schwester, als sie mir leise zuflüsterte: „Sag nichts –lebe.“ Damals verstand ich erst nicht, was sie damit meinte. Doch heute weiß ich es.

Der Tanzklub war voll, die Musik laut und wir hatten schon eine Menge getrunken. Ausgelassen tanzten wir. Unsere Kleidung war, so wie bei allen, eben sexy. Es war doch Mallorca. Da kleidet man sich nicht konservativ. Wir blieben immer zusammen und eine achtete auf die andere. Wir gingen sogar zusammen auf das Klo. Unser Kodex – immer zusammenbleiben. Natürlich flirteten wir auf Teufel komm raus. Hey, wir waren jung. Der Bass dröhnt heute noch in meinen Körper, wenn ich versuche, mich zu erinnern, was dann passiert ist. Jedoch höre ich immer nur dieses dumpfe Dröhnen, wie Buschtrommeln.

Wach wurde ich durch einen Schmerz, der mir durch den Körper fuhr. Meine Augen waren verbunden und auf mir lag ein schwerer Körper. Ich wollte schreien, doch eine Hand verschloss mir den Mund. Es tat weh und ich bekam Panik. Ich spürte, wie etwas meine Hand drückte. Die Hand meiner Schwester lag in meiner und wir waren aneinandergefesselt. Doch dies beruhigte mich auch. Wie im Nebel ließ ich alles über mich ergehen, denn die Hand gab mir Sicherheit. Ich hörte ihr Flehen und Schluchzen und wusste, dass ihr das Gleiche widerfuhr. Gerne hätte ich ihre Schmerzen auf mich genommen, denn es tat entsetzlich weh. Es war meine erste Erfahrung mit Sex und ich konnte mich nicht wehren, dem Schmerz nicht entkommen. Ich frage mich heute noch, wie wir in diese Situation geraten sind. Doch eine Antwort darauf weiß ich nicht und finde ich in meinen Erinnerungen nicht. Es ist wie ein Blackout. Wir hatten wohl nicht gut genug aufgepasst und man hatte uns etwas in das Getränk geschüttet. Ich kann auch nicht mehr sagen, wie viele mich vergewaltigt haben. Ich habe nur immer noch diese vielen verschiedenen Gerüche von schwitzenden Körpern in meiner Nase. Wie festgebrannt. Das Schluchzen meiner Schwester und ihre Hand, die meine drückt.

„Hey, wach auf.“ Drei Worte, die meine Schwester mir zurief. War alles nur ein Traum? Als ich die Augen aufschlug, war es dunkel und das Gesicht meiner Schwester, mit verwischter Schminke, sah ich vor mir. Tränenspuren durchzogen es. „Komm, wir müssen hier weg.“

Ich ließ mich hochziehen und als sie mir ein feuchtes Tuch entgegenhielt, wusch ich mich, so gut es ging. Wo wir waren – keine Ahnung, es war ein Zimmer, es gab ein Waschbecken, ein Bett und eine Tür. Mehr weiß ich nicht. Kein Wort sprachen wir. Sie zog mich hinter sich her. Ein dunkler Flur, eine Straße, viele Autos, Dunkel, Leuchtreklamen, laute Musik, der dröhnende Bass. Alles wie im Nebel. In unserem Zimmer schob sie mich in die Dusche und schlüpfte selbst mit rein. Wir schrubben uns beide, schweigend. Wir krabbelten ins Bett, in einer festen Umarmung – schweigend.

Der nächste Morgen, wir schwiegen, keiner von uns beiden wollte etwas sagen. Wir sahen uns an und schwiegen. Blieben im Zimmer, am nächsten Tag sollte unser Flug gehen. Über Nacht merkte ich, wie meine Schwester neben mir stöhnte. Ich merkte, dass sie erhitzt war. Kühlte sie mit kalten Tüchern. Am Morgen fieberte sie und ich ließ den Hotelarzt kommen. Er brachte sie in die Klinik. Ich ging mit, rief meine Eltern an, die sich direkt auf den Weg machten.

Vieles weiß ich nicht mehr. Doch im Krankenhaus als ich an ihrem Bett saß, schlug sie noch einmal die Augen auf und flüsterte mir zu. „Sag nichts – lebe.“

Meine Eltern kamen und sie wurde nach Deutschland verlegt. Ich blieb an ihrem Bett sitzen, jede freie Minute. Verschob meinen Ausbildungsbeginn. Die Diagnose war Nierenversagen und Herzrhythmusstörung. Warum, wieso – das fragte sich keiner. Man sprach von Vorbelastung und

Geburtsfehler. Entdeckt im Alter von 22 Jahren. Die Diagnose stand fest und nach dem Auslöser wurde nicht gefragt. Sie starb in meinen Armen und mit ihr begrub ich unser Erlebnis tief in mir. Doch frage ich mich heute immer wieder, ob sie noch leben würde, wenn man uns dies nicht angetan hätte.

Ihr Satz „sag nichts – lebe“ klingt selbst heute, nach 41 Jahren, in meinen Ohren, als würde sie ihn mir immer wieder zuflüstern.

Ich habe gelebt. Ihre letzte Bitte, ihr letzter Wunsch. Tief unter meiner Maske verborgen, mein Seelensplitter. Wisst ihr, heute überlege ich oft, warum nie die Fotos von unserem Urlaub entwickelt wurden oder warum nie jemand fragte, wie unser Urlaub war. Es war nie ein Thema. In dem ganzen Schmerz war es, als hätte diese Zeit auf Mallorca nie stattgefunden. Einfach ausgelöscht. Es ist nun Zeit, zu erzählen, was wirklich geschah. Im Verborgenen. Ja, meine Seele wird leichter. Doch meine Maske wird immer verbergen, was wirklich geschah. Ich lebe – jeden Tag als ein kleines Leben für sich. Ich lache für meine Schwester mit, jeden Tag aufs Neue.

Im Urlaub auf einer dieser Inseln war ich nie mehr. Ich ziehe die Berge vor, Wälder und Höhlen.

Ich habe überlebt *1964

Rubin

„Angst zu haben, ist in Ordnung. Dein Mut, sie zu überwinden, muss nur größer sein."

(Wikinger)

EinBlick

Um mich herum wütet der Kampf. Ich höre die Schwerter aufeinanderschlagen. Verdreckt, blutend, mit wirren Haaren und zerrissenem Kleid stehe ich inmitten des Schlachtfeldes.

Ich, ein Kind voller Angst. Zu jung für die Schlacht, zu jung zum Sterben. Aufrechtstehend, rebelliere ich gegen meine Feinde. Mein Blut tropft aus unzähligen Wunden auf die Erde. Mein Körper ist schwach, doch ich bleibe stehen. So lange noch Atem durch meinen Körper fließt, falle ich nicht.

Ich strecke das schwere Schwert gen Himmel, bekomme es kaum angehoben, schreie und Odin erhört mich und schickt mir Kraft. Jeder einzelne Tropfen Blut, der meinen Körper verlässt, wird ein Rubin. Blutrot liegen sie zu meinen Füßen und strahlen mir mit ihrer Lebenskraft entgegen.

Ich stürze mich in den Kampf mit neuer Energie, rebelliere gegen die Macht der Schwäche.

Von den Göttern gesegnet trete ich meinem Schicksal entgegen, bis jede Narbe auf meiner Seele ein Zeichen meines Kampfes ist.

Meinen Erzeuger, einen Gastarbeiter, habe ich nie kennengelernt. Er verließ mich, als ich noch in Mutters Bauch war. Geborgen und beschützt. Ich war sechs Jahre alt, als ich einen Stiefvater bekam, den Vater meiner Schwester, und er mir auch seinen Namen gab. *(Warum erwähne ich das? Weil ich später gerne den Namen abgegeben hätte, doch es war so etwas wie eine stille Adoption.)* Er war 20 Jahre älter als Mama. Doch er war ein Vater, ein Mann im Hause. Er zog bei uns ein und wir wurden eine Familie.

Ein halbes Jahr später, merkte ich, dass irgendetwas nicht stimmte. Er war oft betrunken und dann wurde er ungehalten. Wir wohnten gegenüber von einer Kneipe, was sehr praktisch für ihn war. Er schlug mich öfters und Mama ging dazwischen. Sie verteidigte mich, wenn er wieder mal besoffen nach Hause kam. Ich lag im Bett und hörte, wie er vor meiner Tür stand und mit Mama stritt. Er wollte zu mir, doch sie ließ ihn nicht vorbei. Ich hörte die Schläge, die Mama entgegen prasselten. Ihr Schluchzen und Flehen, mich in Frieden zu lassen. Ihre Worte: „Du kommst an mir nicht vorbei." Ich verstand, obwohl ich erst sechs Jahre alt war, das sie mich beschützte. Meine Bärenmama.

Unsere Familie wuchs und ich bekam noch einen Bruder. Doch mein Stiefvater trank weiter und ich sah mit an, wie er meine Mutter immer wieder schlug, und auch gegen mich erhob er weiterhin die Hand und versuchte, mich zu berühren. Doch meine Mutter beschützte mich, war auf magische Weise, immer rechtzeitig vor Ort, um ihm den Weg zu mir zu versperren.

Den Tag, an dem meine Mutter beschloss, zu flüchten, werde ich nie vergessen. Wir packten ein paar Sachen und wollten gerade das Haus verlassen, als er betrunken zurückkam. Er zog meine Mutter an den Haaren und riss sie zu Boden. Dann hörte ich ihren Kopf auf den Asphalt aufschlagen, immer wieder. Ein dumpfes *Dong Dong*, wie, als würde man eine Melone auf den Boden werfen. Ich sah das Blut in ihren Haaren. Ich hatte meine Geschwister im Arm, zitternd sah ich alles wie durch einen Nebel.

Zuflucht fanden wir bei meiner Tante und meinem Onkel *(mütterlicherseits).* Ein kurzes Aufatmen, doch schon nach zwei Tagen gingen wir wieder nach Hause und dass wir von ihm gezüchtigt wurden, gehörte zu unserem Leben dazu. *Es waren die 70er-Jahre, da gab es noch kein Gesetz über Gewalt in der Ehe und Kindermissbrauch wurde totgeschwiegen. Obwohl ich denke, dass jeder wusste, dass es das gab. Doch man verschloss die Augen davor.*

Ich war acht Jahre alt, als meine Mama *(damals 28 Jahre)* bei der Geburt eines weiteren Kindes innerlich verblutete, und auch mein Geschwisterchen starb dabei. Zeit zu trauern gab es nicht. Ich musste mich um meine Geschwister kümmern, obwohl ich selbst noch ein Kind war. Zu dieser Zeit war meine Schwester fünf und mein Bruder zwei Jahre alt. Wir schliefen zusammen in einem Zimmer und ich beschützte sie, so, wie ich es von Mama gelernt hatte. Immer wieder wurde ich das Opfer meines Stiefvaters. Es fing damit an, dass er an mir herumfummelte. Meinen kleinen Busen streichelte und drückte. Er fasste mich zwischen den Beinen an. Ich wehrte mich, doch dann schlug er zu. Er zog mich in sein Bett und irgendwann steckte er mir seine Finger in meine Körperöffnungen. Ich sagte ihm, dass das falsch ist, doch er würgte mich und drohte damit, dass meine Geschwister leiden, wenn ich nicht mitspielte. Schon einmal hatte er im Alkoholwahn auf meiner Schwester Zigaretten ausgedrückt. So spielte ich mit. Es ekelte mich … sein Atem, der nach Alkohol stank, seine Berührungen widerten mich an. Er rieb sich an mir und spritzte auf mich. Der Geruch ließ eine ständige Übelkeit zurück.

Eines Tages kam ich aus der Schule und er teilte mir mit, dass ich ab sofort bei ihm schlafen sollte. Mein Herz raste und ich hatte das Gefühl, vor Angst keine Luft mehr zu bekommen. Doch was sollte ich tun? Ich war nur ein Kind. Ja – ich war ein Kind, doch in meinen Inneren war das Kind schon lange verloren. Meine Geschwister verstanden es nicht. Doch ich sagte ihnen, dass ich jetzt groß bin und dass dies normal sei. Ich wollte sie nicht damit belasten oder ihnen Angst machen. In seinem Bett hatte er die Macht. Bald reichte es ihm nicht mehr, sich nur an mir zu reiben, und er drang in mich ein. Seine Hand lag auf meinen Hals, er würgte mich und drohte mir, wenn ich nicht stillhalte oder etwas sage, dann leiden meine Geschwister. In mir befand sich eine Leere. Ich verspürte keine Wut, ich war leer. Er vergewaltigte mich, meinen kindlichen Körper, und der Schmerz hallte in meinen Inneren, doch raus ließ ich ihn nicht. Ich schwieg. Tränen hatte ich keine. Es war, als wäre ich gar nicht anwesend. In meiner Schockstarre gefangen, immer mit den Gedanken meine Geschwister zu beschützen.

Ich, acht Jahre alt, er, ein erwachsener Mann Mitte 40. Wie hätte ich mich auch wehren sollen? *Es ist immer leicht ge-*

sagt. Du hättest doch was sagen können. In der Schule. Oder warum bist du nicht weggerannt? Ihr macht es euch so leicht mit diesen Worten, doch versetzt euch mal in dieses Kind, das ich war. Vielleicht kennt ihr ein Kind in diesem Alter. Dann bedenkt auch, dass es die 70er-Jahre waren.

Eines Tages kam der Neffe meines Stiefvaters zu Besuch. Er schlief auf unserer Couch. Wunderte er sich, dass ich bei meinem Stiefvater im Bett schlief? Die Antwort bekam ich schon einige Tage später, als ich aus dem Schlaf heraus hörte, wie er an mein Bett trat und sagte: „Dreh dich auf den Bauch." Ich tat es. Was blieb mir auch anderes übrig? Ich kannte die Spielchen und wusste, was passiert, wenn ich mich weigere. Tja, nun wurde ich weitergereicht. Ich hatte keine Tränen, kein lautes Flehen mehr, als der Schmerz seines analen Eindringens mir die Sinne nahm. Ich hörte sein Schnaufen in meinem Ohr. Es hallte in mir wider. Noch lange, nachdem es vorbei war, hörte ich dieses Atmen, dieses Schnaufen, sogar heute noch. Es hatte sich in mir festgesetzt.

Meine Gedanken waren wirr. Ich hatte Selbstzweifel, suchte die Schuld bei mir und versuchte, so gut wie möglich beiden keinen Anlass zu geben, um mich zu missbrauchen. Doch ich war auch ein Rebell und oftmals waren es Kleinigkeiten, in denen ich mich gegen etwas auflehnte, das mir Schläge einbrachte. Wenn ich mal nicht willig war, wurde ich gezüchtigt, gewürgt und dann drohte man mir, dass meine Geschwister leiden würden. Ein halbes Jahr wurde ich hin und her gereicht. Dann endlich verließ uns sein Neffe wieder.

Eines Tages hatte ich in der Schule Schmerzen und ging auf die Toilette. Mir tat es zwischen den Beinen weh. Zu Hause sah ich mit dem Spiegel nach und meine Schamlippen waren blau und geschwollen, voller Pusteln. Ich fasste meinen Mut und ging zu Tante und Onkel, um mit ihnen zu reden. Ich versuchte, ihnen mitzuteilen, was man mir und meinen Geschwistern antat, doch es wurde nur als eine rebellische Phase abgetan. Ausreden ließ man mich nicht. Als ich sagte, „schau es dir mal an, Tante", wurde ich nach Hause geschickt. Sie wollten so etwas nicht hören. (*Na ja, in den 70ern war man nicht so offen und was Sex angeht, war dies ein totales Tabuthema. Es war unvorstellbar, dass Erwachsene Kinder misshandeln.)*

Ich war neun Jahre alt, als eine Nachbarin aufmerksam wurde. Sie hörte unsere Schreie und auch fiel ihr auf, dass wir sehr selten draußen waren, denn nach der Schule mussten wir immer drinbleiben. Wir hatten keine Freunde. Meinen Stiefvater sah man oft nach Hause schwanken, betrunken und desorientiert. Sie schaltete das Jugendamt ein. Ich weiß noch, dass ich von der Schule heimkam und mein Stiefvater mich erwartete. Er schrie und fing an, mich zu verprügeln. Er sagte, ich wäre eine Verräterin, und fragte, was ich erzählt hätte. Ich wusste nicht, was los war, und er schlug auf mich ein. Meine Geschwister versuchten, dazwischenzugehen, doch sie hatten keine Chance. Ja, meine jüngeren Geschwister wollten mich retten, doch sie waren machtlos gegen ihren Vater. Er war um einiges stärker und die Chance war gleich null. Er war so wütend, als er das Schreiben des Jugendamtes hochhielt, in dem ein Termin für einen Besuch angekündigt wurde. Er prügelte mich durch die ganze Wohnung. Mein Auge schwoll an und mein Gesicht war gelähmt von Schmerz, ganz abgesehen von meinen Rippen und meiner Seele. Neun Jahre, ich war noch Kind, meine Haut zart und seine Fäuste stark und voller Hass. *War es Hass auf ihn selbst? Hier werde ich nie eine Antwort erhalten, denn ich kannte ihn nur als einen gewalttätigen alkoholisierten Menschen.*

Er schrie uns an: „Wenn ihr etwas sagt, dann seid ihr tot, und denkt nicht, sie nimmt euch sofort mit. Es wird Tage dauern, bis sie euch hier rausholen, und in der Zeit werdet ihr entsetzlich leiden."

Dann kam der Tag und die Frau vom Jugendamt erschien. Sie befragte uns einzeln. „Dürft ihr raus?"

„Ja."

„Schlägt er euch?"

„Nein, nie."

„Geht es euch gut?"

„Ja."

Wir waren uns einig, dass niemand von uns etwas sagen würde. Wir logen das Blaue vom Himmel. Die Angst vor ihm war einfach zu groß. Die Frau ging und wir sahen und hörten nie mehr etwas von ihr. *(Tja, so war das früher. Keiner kam auf die Idee, dass vielleicht Angst die Wahrheit zurückhielt.)*Eines Tages kam meine Tante und stellte meinen Stiefvater zur Rede. Sie hatte von dem Besuch des Jugendamts gehört. Doch auch hier wurde heile Welt vorgegaukelt, obwohl ich ihr zeigte, wo er seinen Alkohol versteckte, was mir wieder zum Verhängnis wurde und mir viele Schläge einbrachte. Ok, er trank, doch das wurde eben so hingenommen.

Doch nach diesen Vorfällen wurde er mir gegenüber noch gewalttätiger. Er war so voller Wut. Er fesselte mich ans

Bett. Immer wieder sagte er mir: „Dir werde ich‘s beibringen, zu gehorchen. Dich werde ich zuerst töten.“

Die Angst beherrschte meinen Geist und ich fragte mich wieder, ob ich selbst daran schuld bin, weil ich nicht gehorsam genug war und es als falsch ansah, was er mit mir machte. Vielleicht war es ja richtig und an meinem Denken war etwas falsch. Ich zweifelte an mir selbst. Ich war ein Kind. Konnte ich überhaupt verstehen, was richtig und falsch war? Doch hier war ich mir ganz sicher. Ja, das konnte ich. Er war ständig besoffen und oft rief er an und sagte mir, dass ich ihn auf seinem Bett empfangen sollte. Also legte ich mich nackt hinein und wartete, bis er zu mir kam, betrunken, und sich an mir verging. Er war oft nicht mehr Herr seiner Sinne, doch sein Schwanz stand und drang in meinen kindlichen Körper, der viel zu klein und schmächtig für ihn war. Der Geruch von Schweiß, ungewaschen und voller Alkohol, dieses Geräusch seines Atems und die Luftnot durch das immer wieder praktizierte Würgen meines Halses waren mein ständiger Albtraum.

Doch weinte ich, schrie ich, kämpfte ich dagegen, jammerte ich? Nein, ich lag einfach nur da und ließ es über mich ergehen. Den Schmerz spürte ich nicht – denn die Starre hatte mich fest im Griff. Doch mein Körper spürte den Schmerz, aber er hielt ihn aus. Ich wusste, wehrte ich mich oder wurde ich aufmüpfig, würden meine Geschwister leiden, denn diese Horrorszenarien hatte ich einige Male erlebt. Spurte ich nicht, ließ er es an meinen Geschwistern aus. Klar versuchte ich, ihn zu ärgern. In mir schrie alles nach Rebellion und unbewusst forderte ich ihn immer wieder heraus und wurde eines Besseren belehrt. Denn dann bekamen meine Geschwister die Prügel oder Zigaretten wurden auf ihnen ausgedrückt.

Kennst du den Geruch von versengtem Fleisch? Kennst du das Gefühl der Pein, wenn ein Mensch, den du liebst, gequält wird? Die Angst, die durch deinen Körper fegt, und wie du vergisst, zu atmen, bis deine Lungen fast bersten? Glaube mir, du willst das nicht kennen.

Ich war meinem Stiefvater hörig. Meine Angst, dass er uns irgendwann töten würde, zwang mich dazu. Mein Überlebenswille war schon in jungen Jahren sehr stark und so akzeptierte ich, was er tat, und dass ich meine Geschwister vor ihm beschützte, gab mir noch zusätzlich die Kraft durchzuhalten.

Ich wollte einmal ausreißen, doch mein Bruder hielt mich zurück. Ich könnte sie doch nicht alleine lassen und mit ihnen konnte ich nicht gehen. Das hätte ich nicht geschafft, das war mir auch zu dieser Zeit schon klar.

Ich war zehn, fast elf Jahre alt, als ich eines Tages von der Schule heimkam. Meine Geschwister waren bei mir. Ich hatte einen Schlüssel, doch ich klingelte. Ja, ich war ab und an rebellisch. Meine Geschwister redeten noch auf mich ein. „Lass es, das gibt nur wieder Ärger. Nimm deinen Schlüssel."

Doch nein, ich klingelte. Keiner machte auf. Also nahm ich meinen Schlüssel und schloss die Tür auf. Gleich bemerkte ich, dass etwas nicht stimmte. Im Flur stand Wasser. Ich sagte meinen Geschwistern, sie sollen vor der Tür warten. Ich ging rein. Neben der Haustür befand sich die Toilette, und als ich durch die Tür schaute, nahm ich wahr, dass Zeitungspapier in die Schüssel gestopft worden und dadurch das Wasser übergelaufen war. *(Nebensache, doch daran erinnere ich mich.)*

Durch die Küche ging es ins Wohnzimmer. Schon bevor ich die Tür öffnete, sah ich einen schwankenden Schatten hinter der Milchglastür.

Vorsichtig öffnete ich die Tür und blieb stehen. Ich sah den zappelnden Körper, der von der Decke hing. Starr starrte ich darauf. Der Körper zappelte. Ich nahm es wahr und sah ihn an. Fühlte ich etwas? – Nein, ich starrte nur wie festgefroren, bewegungslos, auf ihn. Der Körper beruhigte sich langsam und ich starrte weiter. Starrte und starrte. Wie lange? Keine Ahnung. Irgendwann drehte ich mich um und ging wie durch einen Nebel zum Telefon. Doch es funktionierte nicht, also ging ich nach draußen.

Meine Geschwister fragten, was los sei. Ich sagte nur total monoton: „Papa ist tot."

Sie wollten rein, doch ich hielt sie zurück und ging mit ihnen zur Nachbarin. Sie öffnete uns und ich fragte, ob ich mal telefonieren darf. Ich sagte wieder. „Papa ist tot." Die Nachbarin rannte zu unserem Haus und kam schneeweiß wieder zurück. Ich rief meine Tante an und sagte am Telefon: „Papa ist tot." Total emotionslos. Ich hatte keine Emotionen, Leere war in mir. Keine Wut, keine Erleichterung, einfach nichts. Einfach, einfach nichts.

Es war ein ziemlicher Trubel, was dann passierte. Krankenwagen, Polizei, ein großes Aufgebot, für einen Menschen, der eigentlich nichts Menschliches an sich hatte. Wir wurden in die Obhut meiner Tante und meines Onkels gegeben. Doch sie waren schon älter und mit drei Kindern überfordert. So kamen meine Geschwister ins nahe gelegene Kinderheim. Ich konnte sie jederzeit besuchen und das tat ich auch jede freie Minute. Mein Onkel überschüttete mich mit Zuneigung. Oft war ich nah dran, ihnen zu erzählen, was wirklich vorgefallen war. Doch ich hielt mich zurück, denn was hätte es jetzt noch genutzt, außer dass sie ein schlechtes Gewissen bekommen hätten, dass sie mich nie angehört und vor allem das sie mir nie geglaubt haben? Ich lebte nun mein neues Leben.

Das erste Mal Sex hatte ich sehr viel später. Ich nenne es meine Entjungferung. Ja, ich hatte unfreiwilligen Sex gehabt, doch ich hörte immer die Erzählungen von meinen Freunden und wollte wissen, ob es da mehr gibt als das, was ich erlebt hatte. Sie erzählten immer, wie schön es doch sei. Doch mein erstes Mal war der totale Reinfall. Wie sollte es auch anders sein, dachte ich mir.

Doch dann folgte die nächste Erfahrung. Im Glauben, dass es so richtig war, heiratete ich und bekam zwei Kinder. Doch bald stellte ich fest, dass es nicht das war, was es sein sollte und was ich brauchte. Mein Weg trennte sich, immer auf der Suche nach…was? Das wusste ich nicht. Jedoch wollte ich mehr. Ich hatte mit Kontrollverlusten zu kämpfen. Die kleinsten Kleinigkeiten, die nicht so liefen, wie ich es mir vorgestellt hatte, hauten mich aus meiner Lebensbahn und Wut und Verzweiflung beherrschten meinen Körper. Ich verstand nicht, dass ich so ruhig während dieser Jahre des Missbrauchs war und nun bei den kleinsten Vorkommnissen meinen Weg verlor.

Dann traf ich meinen Krieger und das erste Mal in meinen Leben sprach ich über die Jahre mit meinem Stiefvater. Vertraute mich einem Menschen an. Ich sprach über meine

Ängste, mein Leid, meine fehlenden Emotionen. Ich sprach über meinen Kampf mit meinem Kontrollverlust und auch über meine fehlenden Kindheitsjahre. Es waren zwei Jahre der Qual und des Missbrauchs durch meinen Stiefvater, nachdem meine Mutter gestorben war, und doch kam es mir vor wie ein halbes Leben.

Man sagt, Kinder erinnern sich nicht. Kinder wissen nicht, was richtig und falsch ist. Bei Kindern heilen Wunden schneller und sie vergessen.

NEIN.

Kinder leiden im Stillen. Kinder haben ein enormes Schutzverhalten und sie wissen sehr gut, was richtig und falsch ist. Doch Kinder sind wehrlos, erpressbar und werden viel zu oft als Lügner abgestempelt, weil man sich nicht vorstellen kann, dass sie so ein Leid erfahren. Lasst eure Kinder ausreden und egal, wie schrecklich es ist, was sie euch vielleicht erzählen, ignoriert es nicht. Geht der Sache nach, sucht die Wahrheit, auch wenn sie schmerzhaft ist.

Diese Jahre haben mein Leben geprägt. Im sexuellen Bereich liebe ich die devote Seite, mit dem kleinen Ausweg, wo ich bestimmen kann, wenn ich genug habe. Das Gefühl, jederzeit Nein zu sagen und vor allem, dass mein Nein anerkannt wird, ist wichtig für mich. Immer noch leide ich unter den Kontrollverlusten und viele Kleinigkeiten werfen mich aus der Bahn und ich brauche meine Zeit, um wieder auf die richtige Spur zu kommen. Beim Geruch von Alkohol wurde mir viele Jahre sofort übel und ich schaute bei Betrunkenen immer genau hin, wie sie sich verhielten.

Zwei erlebte Jahre meines Lebens dominieren mein ganzes restliches Leben und doch stehe ich heute hier und sage:

„Ich habe überlebt. Ich stehe aufrecht, mit erhobenem Schwert. Heute ist es leichter geworden, denn ich bin erwachsen und das Schwert ist mein verlängerter Arm geworden. Meine Wunden sind verheilt, doch die Narben bleiben immer ein Teil von mir. Ich habe gelitten und gekämpft und für mein Leben würde ich es immer und immer wieder tun. An meiner Seite steht nun mein Krieger und Odin, der mir seine Stärke gibt.

Ich habe überlebt*1969

Auf ein Wort zwischendurch

Immer wieder wird nach dem körperlichen Missbrauch auf extreme sexuelle Neigungen zurückgegriffen. Hier herrscht großes Unverständnis, wie dies möglich sein kann. Doch hat man einen sexuellen Übergriff erlebt, war es immer gegen den Willen, gegen die eigene Entscheidung. Das Nein wurde ignoriert. Erotische Machtspiele, Dominanz sowie Demütigung und auch die Sehnsucht nach gleichgeschlechtlichem Sex oder sogar Orgien sind oft die Folge. Es geht hier auch nicht um Hardcore-Praktiken, sondern um den Kick im Kopf.

Hier geht es nicht darum, den erlebten Missbrauch wieder zu erleben und sich damit zu strafen, sondern es geht darum, den Ausweg zu haben und selbst zu entscheiden, und dass das Nein akzeptiert wird. Sich zu unterwerfen, jedoch aus eigener Entscheidung heraus. Ja, oft auch Lust zu empfinden, bei etwas, was vorher schmerzhaft war. Die Scham ist hier sehr groß, es sich selbst einzugestehen und auszuleben. Nachtschwarze Fantasien hat jeder. Abwandlungen in aufregende Sexualpraktiken sind gesund und regen das Sexualleben an. Wer möchte denn immer einen sanften Partner? In Literatur und Filmen wird der Mensch von dominierendem Sex überflutet und das regt die Fantasie und das Kopfkino an. Hier denkt keiner an körperlichen Missbrauch. Denn es wird immer deutlich gemacht, dass ein Nein akzeptiert wird, und somit ist es einvernehmlich und auch anregend.

Ein kleines Wort mit vier Buchstaben, das über gut oder schlecht entscheidet. Doch genau dieses Wort ist es, das viele gerade in diese Neigung hineinrutschen lässt. Jederzeit Nein sagen zu können und es zu beenden. Schmerz und Unterwerfung zu erleben, wenn man es selbst entschieden hat und nicht weil man dazu gezwungen wird. Lust zu empfinden, bei etwas, was davor gar nicht denkbar war. Es ist auch nicht die Regel, dass Missbrauchsopfer die dominante Seite übernehmen, denn oft ist es gerade die devote Seite, die sie belegen. Sie wollen beherrscht werden, um sich erfolgreich wehren zu können und vor allem Nein zu sagen, wenn es ihre Entscheidung ist.

Wenn der Partner nach sogenannten grenzüberschreitenden Praktiken (politisch unkorrekte Wünsche – so sagt die Gesellschaft) Verlangen hat, ist es immer wichtig, offen darüber zu reden. Es muss auch nicht zwangsweise eine schlechte Erfahrung dahinterstecken, doch setzt diese Art ein besonderes Vertrauen der jeweiligen Partner voraus. Damit dies auch nicht in einen sexuellen Übergriff abrutscht, sollte man sich immer vorher darüber austauschen, wo die Grenzen sind.

NEIN heißt NEIN.

Aventurin

„Dein Leben musst du vorwärts leben, verstehen wirst du es rückwärts.“

(Verfasser: unbekannt)

EinBlick

Nie zufrieden, immer am Jammern.
Warum habe ich es nicht gesehen? Warum war ich so negativ gegenüber allem und jedem? Alles doof. Warum kann ich nicht das haben, was andere haben? Warum hat der Nachbar schon wieder ein neues Auto? Warum bestellt mein Freund neue Möbel, wenn es doch die alten auch noch tun? Warum mache ich es dann auch, obwohl ich es mir gar nicht leisten kann?

Ich möchte dazugehören. Mitreden können. Geliebt werden. Ich möchte, dass man mich akzeptiert und mich als gleichwertig ansieht. Mich nerven alle und doch lasse ich mich mitreißen.

Doch was fand ich am Ende? Abgrund. Warum ich und nicht die anderen?

Fragen über Fragen beschäftigten mich. Heute verstehe ich es, was ich unbewusst verschenkt habe.

Es war mein eigener Wille.

Ich war gerade mal 19 Jahre alt. Eine Familie hatte ich nicht, ich war ein Waisenkind. Meine Wohnung war für mich etwas Besonderes. Ich hatte mir jedes Möbelstück selbst angeschafft. Es waren gute gebrauchte Möbel. Ich verdiente nicht so viel als Kassiererin im Supermarkt, so musste ich haushalten. Meine Klamotten kaufte ich von der Stange. Sie waren nicht schlecht und sahen auch gut aus. Viel konnte ich mir nicht leisten, denn die Miete war nicht billig. Wenn ich mich mal mit Bekannten traf, trank ich ein Wasser oder mal eine Cola. Es machte mir nichts aus. Mein erstes eigenes Auto war 20 Jahre alt, aber es fuhr und brachte mich dahin, wo ich wollte.

Ich lernte ihn eines Abends im Bistro kennen. Er war 15 Jahre älter als ich, lustig und brachte mich zum Lachen. Er spendierte mir etwas zu trinken und wir verabredeten uns zum Pizzaessen. Ich war aufgeregt, als es auf den Termin zuging. Kaufte mir extra eine neue Jeans und eine modische Bluse. Ich wollte schön aussehen. Ich ging sogar zum Friseur, obwohl dies mein Budget für diesen Monat sprengte. Doch ich fühlte mich verliebt und ich wollte gefallen. Mit meinem alten Auto, das schon hier und da ein paar Rostflecken aufwies, fuhr ich zur Pizzeria. Ich parkte neben einem Mercedes. Ich weiß noch, dass ich lächeln musste, weil es so komisch aussah, als ich mein Auto neben diesen schnittigen Wagen sah. Er erwartete mich bereits und wir verbrachten einen total netten Abend. Er erzählte mir viel. Von seiner Wohnung, seinen neuen Möbeln. Er ging mehrmals die Woche ins Fitnessstudio, liebte es jedoch einfach und natürlich, deshalb fiel ich ihm auf. Ich wäre nicht so aufgetakelt wie die anderen Frauen. Als wir gingen, begleitete er mich hinaus. Als er fragte, wo mein Auto steht, zeigte ich darauf und er brachte mich hin. Ich weiß noch, wie er lachte und sagte: „Wenn du damit mal noch bis nach Hause kommst.“

Ich lachte mit und wir blödelten herum. Beim Wegfahren sah ich im Rückspiegel, dass er in den Mercedes stieg, der neben meinem Wagen stand. Ich dachte mir noch nichts dabei.

Bei unserem nächsten Date brachte er mir einen Katalog mit. Ich schaute ihn fragend an. Er erklärte mir, dass man heutzutage ein sicheres Auto braucht und eine Finanzierung für jeden möglich ist. Ja, ich wollte nicht arm dastehen und es dauerte nicht lange und ich konnte meinen Jahreswagen abholen. Stolz präsentierte ich ihn. Immer öfters kaufte ich mir neue Klamotten und fing auch an, meine Wohnung neuzugestalten. Ich sah bei einem Stadtbummel eine schöne Kommode, die mir gefiel, und als ich es erwähnte, brachte er mir eine vorbei und ich zahlte natürlich die Rechnung. Ich wollte nicht zugeben, dass ich das Geld dafür gar nicht hatte.

Er war sehr oft bei mir und mittlerweile, wenn wir rausgingen, zahlte ich meistens. Doch das merkte ich damals gar nicht. Ich war verliebt und alles mit ihm empfand ich als wunderbar. Wenn ich jetzt zurückdenke, sehe ich, wie doof ich doch war. Doch ich war leichte Beute. Mein Dispo war vollkommen überzogen und mein Kühlschrank oft leer. Doch für ihn war mir nichts zu teuer. Ich wollte gefallen. Er schenkte mir ganz teure Satinbettwäsche und meinte, dass mein sexy Körper nur das Beste verdiente, wenn sie auch auf diesem alten Bett fehl am Platz sei. Mir war es peinlich, dass er daran dachte, so hatte ich nur alte Baumwollbettwäsche, die schon bessere Zeiten erlebt hatte. Seine Worte brachten mich dazu, mein Bett zu betrachten, und ich bestellte mir ein neues. Auf Kredit, anders hätte ich es nicht geschafft. Doch ich wollte nicht, dass die schöne Bettwäsche von ihm nicht zur Geltung kam.

Wir waren schon ein Jahr zusammen, als mir bewusstwurde, dass ich nie bei ihm war. Als ich ihn darauf ansprach, meinte er, dass zurzeit sein Cousin bei ihm wohnte, und da wäre es nicht so toll, wenn er mich mit nach Hause nehmen würde. Was sollte ich auch dazu sagen? Mir gefiel es, dass er bei mir war. Schon lange zuvor hatte ich ihm einen Schlüssel gegeben und oft erwartete er mich, wenn ich von der Arbeit nach Hause kam. Wir bestellten Essen und ich zahlte. Mir fiel nicht auf, dass er, sobald der Lieferdienst kam, entweder auf der Toilette war oder unter der Dusche stand. Er hatte immer gekonnte Ausreden.

Der Sex mit ihm war normal. Na ja, wir hatten welchen und es war schön. Dachte ich zumindest, denn ich hatte keinen Vergleich. Irgendwann war er ständig da und ich nahm es so hin. Auch als er eine Couch auf meinen Namen bestellte und kleine Veränderungen in der Wohnung vornahm. Sein Auto war seit Wochen kaputt und so brachte er mich zur Arbeit, damit er mit meinem fahren konnte. An den Wochenenden gingen wir viel raus, in Tanzclubs, und es wurde immer viel getrunken.

Ab und an war er ein paar Tage verschwunden. Auf Meetings, sagte er mir. Denn er arbeitete in einem großen Konzern. In welchem? Heute frage ich mich, warum mich das nie interessiert hat. Er übernahm mein Leben. Er war eben da und ich nahm seine Hilfe an. Ich liebte ihn. Zumindest dachte ich zu der Zeit, dass es Liebe ist. Finanziell ging es immer mehr bergab und als ich mit der ersten Miete im Rückstand war, schlug er vor, dass ich die Wohnung doch auf ihn überschreibe und ihm auf dem Papier das Auto verkaufe. So wäre ich erst mal die Sorgen los und er würde das schon regeln. Blind und unwissend, wie ich war, machte ich es.

Es verging wieder ein Jahr und wir lebten zusammen. Er sprach nicht mehr von seiner Wohnung, die er hatte, wo angeblich ein Cousin logierte.

Eines Tages, ich weiß noch, es war November und es hatte geschneit, wollte er mich von der Arbeit abholen, doch ich wartete und er kam nicht. Also machte ich mich zu Fuß auf den Weg nach Hause. Als ich nach einer guten Stunde vor unserer Tür stand und aufschließen wollte, passte mein Schlüssel nicht. Ich schellte und klopfte, doch niemand machte mir auf. Dann hörte ich ihn hinter mir die Treppe raufkommen. In seinem Arm führte er eine Rothaarige in Designerklamotten. Na ja sie sah eher wie eine Prostituierte aus. Ich war sprachlos.

Er blaffte mich sofort an: „Hau ab, was willst du noch hier?“

Ich sah ihn an und sagte: „Ich wohne hier.“

Das dreckige Lachen werde ich nie vergessen und seine Worte: „Du, wohnst hier nicht. Im Keller stehen deine Sachen. Verpiss dich.“

Geschockt ließ ich die beiden vorbei in meine Wohnung und sah zu, wie die Tür vor mir ins Schloss fiel. Ich rannte in den Keller und dort standen fünf Tüten. Darin waren einige meiner alten Klamotten und zwei Tassen. Mich irritierten die zwei Tassen, doch das wurde mir erst später bewusst und sie sollten noch eine große Rolle spielen.

Lange saß ich auf der Kellertreppe und dann nahm ich meinen Mut zusammen und rief die Polizei.

Tja, was ich nicht bedacht hatte, war, dass ich ja die Wohnung und auch mein Auto auf ihn umgeschrieben hatte. Rechtlich konnte ich nichts machen. Ich saß auf der Straße. Mit meinen fünf Tüten stand ich da und wusste nicht, wohin. Ich stand einfach da. Geschockt und überfordert mit allem. Mein Leben drehte sich nur um ihn und eigene Freunde hatte ich keine. Wie konnte es nur so weit kommen?

Die Polizei hatte mir einen Zettel von einer Unterkunft in die Hand gedrückt. Als ich las, was darauf stand, fing ich erst mal an zu heulen. Obdachlosenasyl. Doch was sollte ich tun? Es war eisig kalt und es schneite und ich stand auf der Straße. Also machte ich mich auf den Weg.

Dort angekommen bekam ich ein Metallbett zugewiesen mit noch vier Frauen im Raum. Zwei waren total betrunken und auch das Zimmer roch danach. Doch wenigstens war es warm. Ich legte mich auf das Bett, stellte meine Sachen neben mich und wollte nur noch schlafen. Ich schaltete ab und hoffte, aus diesem Albtraum morgen zu erwachen.

Nach ein paar Stunden unruhigen Schlafs wachte ich auf und sah mich um. Ich war allein und als ich nach meinen Taschen greifen wollte, merkte ich, dass sie weg waren. Nur die zwei Tassen standen vor meinem Bett. In diesem Augenblick hasste ich mich selbst. Wie hatte ich so naiv sein können? Wie viele Filme habe ich schon gesehen, in denen gezeigt wurde, dass man auf seine Sachen aufpassen muss, selbst in so einem Asyl. Ich empfand mich als so doof in diesem Augenblick, dass ich mich am liebsten selbst geschlagen hätte. Ich sah an mir herunter. Meine

Kleidung war verdreckt und klamm. So konnte ich nicht zur Arbeit gehen.

Ich ging raus und lief einfach los, meine leere Geldbörse in der Hose und zwei Tassen in der Hand. Meine Bankkarte lag zu Hause. Nein, in der Wohnung, die mir nicht mehr gehörte. Es war mir alles egal. Ich bemitleidete mich selbst.

Am Abend fand ich Unterschlupf in einem alten, fast zerfallenen Haus. Dort gab es mehr Menschen, die kein Dach mehr über dem Kopf hatten. Komischerweise luden sie mich ein, mich zu ihnen zu gesellen. Ich trank mit ihnen Wodka und er wärmte mich von innen. Ich verlor die Realität aus den Augen. Jeden Tag nahm ich mir vor, meine Firma anzurufen. Ihnen zu erzählen, was passiert war. Mir Hilfe zu holen. Doch ich blieb einfach sitzen. Monate vergingen und ich fand mich mit meiner Situation ab. Ich war leer und gefühlstot. Wut auf ihn hatte ich nicht. Nein, die Wut richtete sich gegen mich. Ich war so blöd und hatte mich ausnutzen lassen.

Ja, ich habe für etwas Geld die Beine breitgemacht. Nicht oft, aber selbst wenn es nur einmal gewesen wäre, hätte ich mir schon die Bezeichnung Straßennutte verdient. Wenn der Magen knurrt und du seit Tagen schon nichts mehr gegessen hast, dann ist sogar das egal.

Ich weiß nicht mehr, was es für ein Tag war, als dieser Streetworker auftauchte und mich fand. Ich war stockbesoffen und hielt krampfhaft meine zwei Tassen fest. Eine andere Obdachlose hatte ihn wohl auf mich aufmerksam gemacht. Er kam immer wieder und irgendwann war ich nüchtern genug und erzählte ihm, was mir widerfahren war. Erzählte, wie doof ich war. Er schaute mich ruhig an und ich weiß noch, als er zu mir sagte: „Nein, nicht du bist schuld. Er hat dich missbraucht. Er hat es perfektioniert – du hattest keine Chance."

Ich sagte ihm, dass er mich nie vergewaltigt hatte, denn das verstand ich unter Missbrauch, doch da schnaubte er nur und sagte: „Das, was er getan hat, ist auch Missbrauch. Er hat dich hörig gemacht. Deine Unerfahrenheit ausgenutzt und mit deinen Gefühlen gespielt."

Mein nächster Stopp war das Frauenhaus und er kümmerte sich darum, dass ich die Möglichkeit bekam, mir mein altes Leben wieder zurückzuholen.

Ich erfuhr, dass mein Arbeitgeber mich als vermisst gemeldet hatte. Doch keiner wusste, wo ich abgeblieben war. Mein Auto wurde zwangsabgemeldet, da die Steuer und Versicherung nicht mehr bezahlt wurden. Dies lief noch auf meinen Namen. Meine Wohnung war neu vermietet. Er war verschwunden und mit ihm all meine Möbel. Der Name, den er mir gesagt hatte, war falsch. Ja, hier fiel ich aus allen Wolken, denn ich hatte nie irgendetwas von ihm gesehen. Keinen Ausweis, nichts. Im Nachhinein konnte ich es nicht begreifen. Ich bekam einen Psychologen an die Seite gestellt und Sozialarbeiter gingen mit mir zu meinem Arbeitgeber, um die Situation aufzuklären. Er stellte mich wieder ein.

Es waren 18 Monate vergangen von dem Augenblick an, wo er mich vor der Wohnung stehen ließ, bis zu dem Augenblick, als ich meine neue Wohnung bezog. Davon lebte ich elf Monate auf der Straße. Manchmal denke ich heute, ob ich etwas hätte merken müssen? Warum habe ich mich in die Spirale locken lassen? Doch ich finde keine Antwort darauf. Ich muss mein Leben vorwärts leben – verstehen werde ich es erst rückwärts. Falls ich es überhaupt verstehen möchte. Die Erkenntnis, dass ich missbraucht wurde. Dass es nicht meine Naivität war. Dass ich nicht einfach nur doof war. Mit dieser Erkenntnis konnte ich neu anfangen.

Ich lebe immer noch alleine und werde es auch noch etwas bleiben. Denn das Vertrauen in einen Menschen zu legen, dazu bin ich noch nicht bereit. Hin und wieder habe ich Begegnungen und ich genieße sie auch, doch ich lasse noch keinen nah an mich heran. Auch meine Wohnung ist tabu. Doch ich würde nie sagen, niemals. Wer weiß, was vor mir liegt. In meiner Küche gibt es ein Regal. Darauf stehen zwei Tassen mit ziemlichen Macken. Einer fehlt ein Henkel. Doch sie sind mein Mahnmal und sie sind ein Teil von mir. Dazwischen steht ein Bild. Eine Obdachlose, dreckig, betrunken, die Haare wirr, und sie umklammert diese zwei Tassen. Ich weiß, dass es mich zeigt, doch erkennen tue ich mich nicht darauf. Ich habe es von dem Streetworker bekommen, der es heimlich fotografierte und mir später zum Einzug in meine Wohnung schenkte.

Es war seine Hand, dir er mir reichte und die ich ergriff. Er verurteilte nicht, er interessierte sich für meine Geschichte und das rettete mich.

Ich habe überlebt *1986

Malachit

„Erst wenn man stolpert, achtet man auf den Weg.“

(Verfasser: unbekannt)

EinBlick

Den Weg verlassen, auf dem man gegangen ist, erfordert so viel Mut und Kraft. Endlich erstreckt sich ein neuer Weg vor mir.

Ich schaue zurück. Ich bin den alten gerne gegangen – am Anfang –, doch dann lagen immer mehr Steine darauf und irgendwann war ich zu kraftlos, diese immer wieder beiseitezuräumen, und verließ ihn.

Eine Entscheidung, die ich nicht bereue. Ich stand wieder am Anfang, vor mir ein Weg, und ich ging den ersten Schritt – das ich stolpern würde und sehr hart aufschlage, das konnte ich zu dieser Zeit noch nicht wissen.

Das Neue motivierte mich, machte mich fröhlich und ich sah diesen Weg hell und in Farbe.

Ohne Steine sah ich die Strecke vor mir, denn ich war voller Zuversicht, dass ich mir mit jedem Schritt meinen Weg selbst gestalte. Ich blickte in die Ferne und sah die Sonne, tanzende Schmetterlinge und ging mit mir selbst zufrieden los
… und stolperte.

Mein Leben war beschissen. Ich war unzufrieden. Wie doof war ich, mit 18 zu heiraten? Er gerade mal 20 Jahre alt. Heute, im fortgeschrittenen Alter, würde ich sagen, ich habe einen Jugendlichen geheiratet. Okay, auch ich war noch viel zu unreif dafür. Doch wie sagt man so schön? Wo die Liebe hinfällt. Ich will es nicht schlechtreden, denn wir hatten sehr schöne Jahre. Doch irgendwann war da dieser Schatten und wir lebten uns einfach auseinander. Immer öfters gab es Krach und wir stritten über Nichtigkeiten. Wir lebten zusammen wie in einer Wohngemeinschaft, alles andere war schon nach den ersten drei Jahren kein Thema mehr zwischen uns. Unser Weg war für uns beide sehr steinig, denn jeder für sich fühlte sich nicht mehr wohl mit dem anderen. Wisst ihr, man wartet viel zu lange, bevor man eine Entscheidung trifft, obwohl man weiß, dass es keinen Sinn mehr hat. Die Alltagsgewohnheit. Man ist unglücklich, ändert aber nichts, weil es einfach bequem ist.

Eines Tages kam er von der Arbeit nach Hause und hatte Lippenstift am Hemd. Es war wie im Film. Ich sah ihn an und er stand vor mir und sagte: „Bei uns läuft nix mehr und ich habe Bedürfnisse." Dann drehte er sich um und ließ mich stehen. Es war dieser Moment, in dem ich erkannte, dass es für mich Zeit ist, die Richtung zu ändern. Es ging sehr schnell. Wir reichten die Scheidung ein und ich zog aus der gemeinsamen Wohnung aus.

Da stand ich nun. Eine Frau von 35 Jahren, die ihr Leben und viele Jahre in eine Beziehung gesteckt hatte, die schon vor langer Zeit gescheitert war. Ok. 35 war kein Alter, ich konnte immer noch mein Glück finden, dachte ich so bei mir. Irgendwie war ich voller Energie und innerlich erleichtert. Ich konnte ihm nicht mal böse sein, dass er mich betrogen hatte. Denn wir hatten schon jahrelang keinen Sex mehr gehabt. Irgendwie war ich ihm sogar dankbar, dass er uns diesen Absprung ermöglichte. Wir waren beide so festgefahren.

Nun wollte ich wieder frei leben. Ich richtete mir eine schöne Wohnung ein. Das konnte ich, denn ich hatte einen gut bezahlten Job und auch einige Reserven. Ich hatte mich vernachlässigt. Ging nach Jahren wieder mal zu einem richtigen Friseur und fand den Mut, mein Styling zu verändern. Ich kaufte mir moderne Klamotten und wunderte mich über mich selbst, als ich feststellte, wie sich die Mode doch verändert hatte. Wo hatte ich nur die vielen Jahre gelebt, fragte ich mich. Ich fühlte mich wie Aschenputtel. Mein neues Outfit ließ mich auch selbstsicherer werden und ich fing an, abends raus zu gehen. Lernte neue Leute kennen und ich lebte einfach das, was ich mir die ganzen Jahre in meiner Ehe verwehrt hatte. Doch eines fehlte, das wurde mir sehr bewusst. Denn ich hatte plötzlich das Verlangen nach körperlicher Nähe. Meine Hormone spielten verrückt.

Viele Nächte tanzte ich in der Disco inmitten 20jähriger und kam mir keinen Tag älter vor. Ich schminkte mich und auch wagte ich mich an viel aufreizendere Outfits heran. Ich feierte, tanze, flirtete und ich lachte. Denn auch das hatte ich in den Jahren meiner Ehe nur sehr selten getan. Je öfters ich rausging, desto mehr spielten meine Hormone verrückt. Das Lebensgefühl war wie ein Rausch, der mich erfasste.

Dann lernte ich ihn kennen. Vielleicht war es die Midlife-Crisis, doch ich fühlte mich plötzlich begehrt. Das Gefühl war neu für mich. Er war 25 Jahre und ich mittlerweile 37 Jahre alt, doch er hatte Interesse an mir. Das Gefühl war mega. Klar hatte ich auch Bedenken, immerhin war ich zwölf Jahre älter, doch ihn schien es nicht zu stören und er machte mir viele Komplimente, wie jung und flott ich doch wäre. *Bedenkt bitte, ich habe mit 18 geheiratet. Meinen ersten Freund. Erfahrungen brachte ich nicht mit. Heute sage ich mir, ich war voll naiv, doch woher sollte ich wissen, dass solche Komplimente vielleicht nicht ernst gemeint sind?*

Wir trafen uns über Wochen, immer in der gleichen Disco. Knutschten und fummelten rum wie Jugendliche.

Es war wieder einer dieser Discoabende und wir tranken Cocktails, als er mir während des Küssens zuflüsterte, ob ich ihn mit zu mir nehmen würde. Ja, ich wollte, war heiß, der Alkohol tat den Rest und bald waren wir vor meiner Haustür angelangt. Wir knutschten und kicherten und ich weiß noch, wie ich zu ihm sagte: „Sei leise, sonst hören uns die Nachbarn.“

Genau in diesem Augenblick kam mein älterer Nachbar nach Hause und ich schob ihn von mir weg. Doch mein Nachbar meinte nur grinsend. „Ach, ich war auch mal jung.“ und mit einen zwinkern: „Ich nehme gleich mein Hörgerät raus.“ *(Ich erinnere mich genau an seine Worte.)*

Irgendwie lag ich dann auf meinem Bett und er war über mir, meine Hände waren ans Bettgestell gefesselt und alles war wie im Nebel. Er küsste mich und redete auf mich ein, doch ich verstand es nicht. Dann war er kurz weg. Ich hatte eindeutig zu viel getrunken. Dann kam er zurück und ein zweiter Mann war bei ihm. Ich stutzte und fragte ihn, was das wird. Er sagte. „Jetzt werden wir Spaß haben."

Ich weiß noch, dass ich hier das erste Mal NEIN sagte. Doch ich war festgebunden, kam nicht los und irgendwie wurde mir übel von dem Alkohol. Ich wollte mich wehren, doch meine Knochen waren wie Pudding. War ich noch geil? Nein, ich war panisch, doch ich konnte nichts tun. Das erste Eindringen nach ewigen Jahren tat furchtbar weh. Ich war ausgetrocknet vor Angst. Ich schrie. Ob es laut war, wusste ich nicht, es war alles im Nebel. Meine Gedanken waren so konfus. Ich war 37 Jahre alt, das kann mir doch nicht passieren. Ich war erwachsen, stand mitten im Leben. Das passiert doch nur Jüngeren.

Ich war wie in Schockstarre, fühlte nur Schmerz. Sie kniffen in meine Brust, bissen hinein, vögelten mich abwechselnd. Irgendwann banden sie mich los und ich wollte wegkriechen, doch sie zwangen mich auf die Knie, hielten mich fest und nahmen mich anal. Die Angst ließ mich verkrampfen und der Schmerz war zu viel. Meine Stimme war heiser vom Schreien. Nein, nein – immer wieder höre ich dieses Nein in meinen Kopf widerhallen. Kam es aus meinem Mund oder war es nur in meinen Gedanken?

Ich schreckte wie aus einem Albtraum hoch. Mein Kopf war nebelig und mein Körper schmerzte. Zitternd lag ich auf meinem Bett. Ich lauschte und versuchte dann vorsichtig, aufzustehen. Doch ich schaffte es nicht. Ich war wie gelähmt. Als ich erneut aufwachte, merkte ich meine Blase und zwang mich, aufzustehen. Auf allen vieren krabbelte ich ins Bad. Es brannte fürchterlich. Tränen liefen aus meinen Augen und das Zittern wollte nicht aufhören. Ich machte die Dusche an und setzte mich hinein. Wie lange ich dort saß, weiß ich nicht mehr. Irgendwann schrubbte ich mich panisch ab. Es schmerzte, doch diesen Schmerz hieß ich willkommen. Immer noch war es nebelig in meinem Kopf, so, als hätte ich Drogen genommen. Ich schlich zurück ins Schlafzimmer und wunderte mich, dass ich frische Bettwäsche draufhatte. In meinem Unterbewusstsein hatte ich ein anderes Design am Vortag. (*Erst Tage später merkte ich, dass in der Waschmaschine Wäsche lag. Sie hatten wohl mein Bett frisch bezogen und die Wäsche gewaschen – für mich irgendwie unrealistisch zu der Zeit.)*

Als ich am Spiegel vorbeiging, erhaschte ich einen Blick auf mich. Ich brach zusammen. Ich hatte Bissspuren am ganzen Körper und war grün und blau. Zwischen meinen Beinen lief Blut aus mir heraus. Nein, nein, nein!, hallte es in meinem Kopf. Ich blieb einfach liegen.

Am nächsten Tag rief ich auf der Arbeit an und bat um eine Woche Urlaub, Familiennotfall. Ich hatte noch nie so eine Bitte geäußert, deswegen akzeptierte man es. Was war passiert? Langsam kamen einige Erinnerungen zurück. Ich war so voller Scham. Ich war 37 Jahre alt. Wie kann das mir passieren? Warum habe ich nicht die Polizei gerufen, sobald ich wach wurde? Warum habe ich geduscht? Was würden sie sagen? Sicher mir die Schuld geben. Ich war so naiv, und das mit 37. Es war mir peinlich und ich schämte mich vor mir selbst. Nein, ich konnte nichts sagen. Dann wurde mir auch bewusst, dass ich nicht mal seinen Namen kannte, nur einen Vornamen hatte. Ich wusste gar nichts über ihn. Wie doof kann man nur sein und das in dem Alter?

Aus einer Woche Urlaub wurden drei Wochen. In dieser Zeit heilten meine Verletzungen und ich lebte vom Lieferdienst, denn vor die Tür ging ich nicht. Ich schlampte rum, bekam Heulkrämpfe und hasste mich selbst. Ich dachte über das, was passiert war, nach und hasste mich jedes Mal mehr.

Eines Tages saß ich auf meiner Couch und die Sonne schien durchs Fenster. Sie traf mich direkt im Gesicht. Ich spürte die Wärme auf der Wange und mein Blick hob sich ins Licht. NEIN – so konnte es nicht weitergehen – dieses Nein war ein anderes. Nicht mit mir. Ich lasse es nicht zu, dass ich liegen bleibe. Ok, ich bin gestolpert und hart aufgeschlagen, doch so geht es nicht weiter.

Ja, ich raffte mich auf und suchte mir einen neuen Job in einer anderen Stadt. Zog um und fing wieder neu an.

Wisst ihr, diese Schockstarre, diese Scham, ist heute noch in mir. Mittlerweile sind weitere zehn Jahre vergangen. Mein Weg hat sich wieder geändert. Disco, nein, die Zeit ist vorbei. Ich habe auch eine Beziehung. Doch auch wenn es doof klingt, habe ich mir zuerst seinen Ausweis zeigen lassen und auch nach etlichen Monaten bin ich immer noch vorsichtig. Es steckt in mir fest, tief in mir. Denn noch immer ist es mir peinlich, dass mir das im Alter von 37 Jahren passiert ist. Meinen damaligen Nachbarn, den mit dem Hörgerät, traf ich Wochen später und er sagte mit einem schelmischen Grinsen: „War eine wilde Nacht, da brauchte ich nicht mal ein Hörgerät. Doch es muss Ihnen nicht peinlich sein. Wir waren alle mal jung."

Ich sagte nichts dazu, ging einfach weiter. Manchmal macht etwas einen falschen Eindruck. Doch sollte ich ihn verurteilen, weil er dachte, ich hätte Spaß, und mir nicht half? Nein, denn er konnte es nicht wissen.

Oftmals ist es so viel anders, als man denkt. Man erwartet auch nicht von einer erwachsenen Frau, dass ihr so etwas passiert. Doch ich habe es auf die harte Tour gelernt, dass Missbrauch vor keinem Halt macht. Ich lebe damit, immer noch in mir drin, und es begleitet mich jeden Tag und heute ärgert es mich sogar, dass ich so starr war, dass ich für mich falsch reagiert habe. Doch seien wir mal ehrlich, wie hätte man es hingestellt? Eine 37jährige kann sich doch wehren, sie ist doch erwachsen. Sie muss doch wissen, was sie tut und was passieren kann. Ich sage Nein. Deswegen wollte ich auch, dass meine Vorgeschichte mit erzählt wird. Man kann einen Menschen nur vor den Kopf schauen, aber was für Lebens- und Beweggründe zu einer Situation führen, dazu muss man tiefer blicken, vor allem, bevor man ein Urteil fällt.

Ich gehe heute einen neuen Weg – wieder einmal. Doch heute schaue ich nicht nur geradeaus, sondern ich blicke hin und wieder auch zu Boden, um nicht wieder zu stolpern.

Ich habe überlebt *1977

Auf ein Wort zwischendurch

Immer wieder hört man das Wort Schockstarre. Was steckt dahinter. Die Definition ist klar. Durch einen Schock ausgelöste Unbeweglichkeit. Doch heißt das, man steht starr und bewegt sich nicht mehr? Bei Gefahr und hohem Stress wird Adrenalin ausgeschüttet, das wiederum erhöht Herz und Kreislauf, dem Körper wird mehr Sauerstoff zugeführt, um ihn auf eine Flucht vorzubereiten. Doch unter sehr großem Stress und inmitten von panischer Angst funktioniert dies nicht und man rutscht in die Schockstarre. Ist man unbeweglich? Nicht unbedingt, denn man funktioniert weiter. Aber man ist psychisch gefangen. Die Psyche ist hier der Grund, dass man keinen Ausweg mehr sieht und sich beherrschen lässt. Der Geist blockiert. Leere ist gleichgestellt mit Unglauben, Verletzlichkeit, auch Scham und mächtiger Angst.
Schockstarre ist ein seelischer Prozess. Man ist machtlos dagegen. Es ist ein tiefes erschreckendes Gefühl, über das man keine Kontrolle hat. Das Gehirn sieht keinen Ausweg, sondern nur noch die Bedrohung, vor der man so große Angst hat, dass man erstarrt. Wie bei einem Zeitraffer, als würde die Uhr stehen bleiben. Man reagiert nicht mehr.

Hier wurde das Sexualstrafrecht auch verschärft. Das Opfer muss sich nicht mehr körperlich wehren. Entscheidend für eine Vergewaltigung ist, dass der Täter sich über den „erkennbaren Willen“ des Opfers hinwegsetzt.

Jade

„Nichts ist so, wie es scheint.“

EinBlick

Wir sehen, wir nehmen wahr. Doch im Grunde genommen sehen und nehmen wir nur das wahr, was am einfachsten für uns ist.

Wir bilden uns Meinungen, Ausreden, die uns entschuldigen. Die uns weitergehen lassen, um zu ignorieren und nicht handeln zu müssen. Dies alles passiert oft unbewusst. Unser Bewusstsein nimmt den leichtesten Weg, wenn auch oft nicht den richtigen.

Mein Bewusstsein wurde auf die harte Tour belehrt, was für einen groben Fehler es begangen hat. Heute nehme ich mir heraus, auch an meinem Bewusstsein zu zweifeln und vieles infrage zu stellen, zu überdenken und zu handeln.

Ich sah es, nahm es wahr, doch ich handelte nicht. – Warum? – Bis es mich selbst betraf.

Ich hörte den wiederkehrenden Streit durch die Wände. Ihr Weinen, sein Schreien. Ich war genervt davon, dass er immer die Tür zuschlug, wenn er laut schimpfend das Haus verließ. Ich traf sie im Waschkeller. Sie hatte am Arm und im Gesicht blaue Flecken. Sie erschrak, als ich hinter ihr zur Tür hinein ging. Schüchtern murmelte sie mir zu: „Bin die Leiter heruntergefallen, beim Fensterputzen."

Ich dachte so bei mir, na toll so was von schusselig.

Einige Wochen drauf hörte ich wieder eine laute Unterhaltung. Die Wände waren dünn. Er schrie: „Was bist du doch dämlich!"

Das verstand ich und es brachte mich sogar zum Grinsen. Als ich sie zwei Tage später im Treppenhaus traf, schaute sie mich an und meinte. „Entschuldige den Lärm gestern, ich bin auf der Treppe ausgerutscht und die Einkäufe sind runtergefallen."

Ich sagte nur. „War nicht da" und ging weiter. Innerlich schüttelte ich den Kopf. Die Frau war eine Gefahr für sich selbst. Na ja, es ging mich nichts an, ihr Leben. Ich hatte eigene Sorgen. Denn ich hatte gerade meinen Job verloren und der neue brachte einen Umzug in eine andere Stadt mit. Ich fand eine tolle Wohnung und war froh, dass sie nicht so hellhörig war. Endlich Ruhe.

Es war ein 18-Parteien-Mietsblock. Alles war anonym und das gefiel mir sehr gut. Meine alten Nachbarn vergaß ich. Es dauerte nicht lange und ich lernte meinen Mann kennen. Er zog zu mir und ein Jahr später heirateten wir. Verrückt, doch ich war einfach blind verliebt. Wir waren glücklich, hatten beide einen Job und führten eine für mich gute Partnerschaft.

Doch kurz nach der Hochzeit änderte er sein Verhalten. Er ging immer öfters mit seinen Freunden weg. Er trank und kam besoffen nach Hause. Ich selbst hatte mir keine neuen Freunde gesucht, als ich herzog. Dazu war einfach keine Zeit und dann lernte ich ja ihn kennen. Eines Nachts kam er stockbesoffen und kotzte den ganzen Flur voll. Da rastete ich aus und schrie ihn an. Ich sah es nicht kommen. Zack, scheuerte er mir eine, das ich zu Boden ging. Ich roch billiges Parfüm und dachte nur: Der Arsch ist fremdgegangen. Ich sprach es wohl laut aus, denn er trat mich in den Bauch und schrie, ich solle nicht so anmaßend sein. Denn ich wäre schließlich seine Frau, die anderen sind nur Sexhuren. Ich war erschüttert und blieb einfach liegen. Angst und Stille in mir.

Am nächsten Morgen machte er Frühstück, als ich aus der Dusche kam, und begrüßte mich mit: „Hallo Schatz, heute verwöhne ich dich mal." Er entschuldigte sich für seinen Ausrutscher und am Nachmittag brachte er mir Blumen mit. Okay, das kann jedem mal passieren. Unter Alkohol sagt man vieles. War eben ein Streit. Es wurde wieder ruhig bei uns. Er trank auch nicht mehr so viel.

Dann wurde ich arbeitslos. Er meinte zu mir: „Gönne dir die Ruhe. Ich verdiene genug, dass wir erst mal über die Runden kommen. Kümmere dich um den Haushalt und such dir in Ruhe wieder eine Arbeit."

Wow, dachte ich mir. Er gab mir Haushaltsgeld zum Einkaufen. Wir hatten noch getrennte Konten und von meinen gingen die ganzen Abzüge ab. Jetzt von meinem Arbeitslosengeld, das diese gerade so deckte. Es pendelte sich ein. Ich machte den Haushalt, ging einkaufen und kochte. Er ging arbeiten und nebenher half er noch im Fitnessstudio aus, in dem er dafür dann kostenlos trainieren konnte.

Der nächste Ausrutscher passierte, als ich mit kochen spät dran war. Er schrie mich an: „Was machst du den ganzen Tag? Wir leben schließlich von meinem Geld, da kannst du auch pünktlich kochen."

Ich sah ihn bestürzt an, sah seine Faust kommen und doch war meine Reaktion gleich null. Er hatte mich an der Wange erwischt. Er griff in meine Haare und zog mich Richtung Schlafzimmer. „Mal sehen, ob du dazu taugst.", waren seine Worte.

Ich schrie: „Nein, so nicht, lass uns vernünftig darüber reden." Doch er reagierte gar nicht. Durch sein Training war er stark und ich hatte keine Chance. Meine Wange brannte und ich war einfach in meinem Entsetzen gefangen. Er riss mir die Klamotten runter. „Eheliche Rechte", grummelte er.

Ich sagte Nein, immer wieder. Ob ich es laut aussprach oder nur in meinem Kopf, ich weiß es nicht mehr. Aber ich schrie, denn er tat mir weh.

Er vergewaltigte mich, denn ich war dagegen und wollte es nicht. Als es vorbei war, ging er und ich blieb liegen. Apathisch und geschockt. Irgendwann ging ich duschen, schrubbte mich, bis ich rot war, und verfiel in Selbstmitleid. Schämte mich dafür und suchte die Schuld bei mir. Ich fand keinen Job, brachte nicht mal fertig, rechtzeitig zu kochen. Wirre Gedanken, heute unbegreiflich.

Ein paar Tage später, als ich den Müll runterbrachte, ging die Tür neben unserer Wohnung auf. Eine ältere Frau schaute raus und grinste mich an. „Wilde Nacht, was? Ich war auch mal jung", kicherte sie und ging wieder rein.

Ich stand wie eine Statue festgeklebt auf der Stelle. Sag mal, spinnt die? Ich schrie wütend herum. Warum hatte sie nicht die Polizei gerufen?

Wie ein Tsunami traf mich die Welle der Erinnerung. Meine damalige Nachbarin. Ich war wie diese alte Frau. Genervt war ich und gelacht hatte ich darüber. Hatte ich mir auch eine falsche Meinung gebildet? Weil es einfacher war? War sie wirklich von der Leiter gefallen und die Treppe hinunter gestolpert?

Ich stand lange im Flur und nachdem ich mich endlich wieder bewegen konnte, fiel ich auf die Couch. Ich war erstarrt. Wie kann ich verlangen, dass mir jemand hilft, wenn ich doch selbst meine Hilfe verweigert habe? Ich bin doch nicht besser, ich habe genau das auch getan, mir den einfachsten Weg gesucht. Ich schämte mich für mich selbst. Ich bekam Angst, unsagbare Angst. Ich funktionierte nur noch. Versuchte, ihn nicht zu reizen und schwieg.

Der nächste Ausrutscher brach mir zwei Rippen und die Schulter. Er brachte mich selbst ins Krankenhaus und er gab an, ich wäre beim Fensterputzen die Leiter heruntergefallen. Als er das dem Arzt sagte, machte etwas klick in mir und ich fing an zu lachen. Regelrecht hysterisch lachte ich und lachte. Ich konnte nicht mehr aufhören und die Ärzte wussten sich nicht zu helfen, gaben mir etwas zur Beruhigung und behielten mich da. Es wurde sogar ein Drogentest gemacht. Als der Arzt mich irgendwann fragte, warum ich so gelacht hätte, fing ich wieder an zulachen und sagte: „Wir haben keine Leiter.“

Doch dieser Arzt wusste gar nicht, was passiert war. Immer wieder, sobald ich an die Leiter dachte, musste ich lachen. Es war Ironie, die mich auffraß. Meine Schulter wurde operiert und nach der OP schickten sie mir einen Psychologen. Ich schwieg, denn wie konnte ich Hilfe annehmen, wenn ich doch selbst ein Ignorant war und nicht geholfen hatte? Meine Gedanken waren konfus und durch die Medikamente wurde es noch schlimmer. Immer wieder sah ich diese Leiter vor mir, die es gar nicht gab. Die Leiter wurde meine Passion und irgendwie auch meine Rettung. Denn ich kam in eine psychiatrische Einrichtung. Mein Mann wollte keine psychisch durchgeknallte Frau und reichte direkt die Scheidung ein. Sein Ansehen war ihm wichtiger. Es dauerte Monate, bis ich aus der psychiatrischen Therapie entlassen wurde. Doch nie habe ich das Geheimnis der Leiter enthüllt. Man schob es auf die Unverträglichkeit der Schmerzmittel, das ich diese hysterischen Anfälle bekam.

Nach meiner Entlassung half man mir, einen neuen Job zu finden und auch eine kleine Wohnung in einem Sechs-Parteien-Mietshaus. Sehr langsam kam ich wieder auf die Bahn.

Heute schaue und höre ich genau hin. Des Öfteren habe ich schon mal die Polizei umsonst gerufen, weil es laut hinter Türen in der Nachbarschaft wurde, doch lieber umsonst als weggesehen.

Ich wurde von meinem eigenen ignoranten Gewissen belehrt. Es geht so schnell und man ist selbst betroffen. Es kommt schleichend, langsam, unbemerkt und plötzlich steckt man mittendrin fest. Die Scham und die Blamage, das Gefühl, versagt zu haben lassen einen erstarren und schweigen.

Meine Ignoranz hat mir durch meine Vorurteile und mein Wegsehen unbewusst den richtigen Weg gezeigt.

Eine Bitte habe ich an euch alle, die meine Geschichte gelesen haben. Schaut hin, reagiert und achtet aufeinander. Es bedarf so wenig – doch es kann so viel helfen. Ein Anruf.

Leitern sind heute noch ein Grund, dass ich zur Hysterie neige. Ich selbst habe keine in meiner Wohnung. Ich sage euch, nehmt eure Leitern wahr. Schaut sie euch an. Beachtet die Treppe, wenn ihr hinunter- oder hinaufgeht.

Die häufigste Ausrede von geschlagenen, misshandelten Frauen ist der Sturz von der Leiter oder die Treppe hinunter. Werdet hellhörig bei diesen beiden Aussagen.

Leiter und Treppe

Ich habe überlebt *1983

Granat

„Wenn du weißt, was du nicht mehr willst, dann bist du schon den ersten Schritt gegangen."

(Verfasser: unbekannt)

EinBlick

Bleib stehen, du bist es nicht wert, weiterzugehen.
Roll dich einfach zusammen und lass dich treten.
Schau, wie schön hoch die Brücke ist.
Hat der Zug nicht eine fantastische Geschwindigkeit?
Weißt du, wofür sich Wäscheleinen noch eignen?
Bleib in der Ecke, du verdienst es nicht, gesehen zu werden.

Erschreckende Sätze, Hoffnungslosigkeit und vor allem Scham beherrschten mein Leben –
doch dann kam der Moment und ich ging den ersten Schritt –
und dann kam erst mal nichts mehr…

Mit vier Schwestern aufzuwachsen, das jüngste Kind zu sein und dann noch ein Junge. Hatte ich überhaupt eine faire Chance? Ich war vier Jahre alt, als mein Vater starb. Meine Mutter war schon in den Vierzigern. Meine jüngste Schwester war 13 Jahre älter als ich. Der Nachzügler wurde ich genannt. So ergab es sich, dass meine Schwestern als Babysitter für mich fungierten. Geld war immer ein Problem und nicht vorhanden. Doch geliebt wurden wir und es fand auch viel Gemeinschaft statt.

Als ich auf die Welt kam, war mein Vater schon krank und arbeitete nicht mehr. Wir waren vier Kinder, Mama arbeitete nur zeitweise in einer Wäscherei und Vater war krank. Da blieb nicht viel übrig für den Nachzügler. Also wurden die Kartons mit den abgelegten Sachen vom Dachboden geholt. Ich kann von Glück sagen, dass man mich nicht in Kleider steckte. Doch rosa und grüne Pullover und bunte Hosen waren normal. Wenigstens hatte ich etwas an. Es waren natürlich auch andere Zeiten und es gab noch nicht solche Möglichkeiten wie heute mit Kleiderkammern usw. Dann wohnten wir auf dem Dorf. Im Kindergarten war ich nie. Ich kam direkt in die Schule. Dort gab es noch Uniformen, zu meinem Glück. Doch viele Freunde hatte ich nicht. Denn ich hatte nichts Interessantes zu bieten, weder zu spielen, noch gab es aufregende Erlebnisse. Meine Spielsachen waren überwiegend Bücher und Buntstifte. Na ja, und Plüschtiere. Mit Puppen von meinen Schwestern zu spielen, weigerte ich mich ab dem Alter von acht Jahren. Davor hatte ich die selbst gebaute Puppenstube zur Verfügung.

Ging es mir gut? Ja, sage ich heute. Denn ich hatte trotzdem mehr als manch anderer unter diesen Bedingungen.

Ich schaffte die Schule und ging in unserem Dorf in die Lehre im Holzhandel. Dort trug ich Latzhosen. Als ich mein erstes Geld verdiente, kaufte ich mir die erste männliche Hose. Ich weiß noch, es war eine braune Cordhose und ich war megastolz. Kleidung ist mir bis heute nicht wichtig, aber ich trage gerne gedeckte Farben und vor allen Sachen für Männer.

Warum erzähle ich das so ausführlich? Damit man mich versteht.

Mit 18 Jahren lernte ich eine nette Frau kennen. Sie war acht Jahre älter als ich, doch wo die Liebe eben hinfällt . . . Ein Jahr später heirateten wir. Damals war dieser Altersunterschied nicht gern gesehen. Doch ich zog zu ihr in die Stadt und dort gingen wir unter in der Masse. Als Tischler ging ich meiner Arbeit nach und wir hatten ein sehr schönes erstes Jahr. Ich war so verliebt und trug sie auf Händen.

Von meiner Kindheit hatte ich gelernt, dass wir alle im Haushalt halfen, und so machte ich dies auch in meiner Beziehung. Ich merkte nicht, als sich das Blatt wendete, und plötzlich war ich in der Rolle eines Lakaien und besseren Hausgehilfen.

Ich arbeitete sehr viel, kam nach Hause und kochte für uns. Der Haushalt, waschen, aufräumen, putzen… am Anfang machten wir es noch zusammen, doch irgendwann blieb es an mir hängen. Ich merkte es nicht. Den Einkauf erledigte ich nach der Arbeit, denn der Supermarkt war direkt neben meiner Arbeitsstätte.

An das erste Mal, dass so komische Sätze kamen, erinnere ich mich nicht. Ich fragte mich oft in den Jahren danach, wann es anfing, doch kann ich es nicht eingrenzen. Plötzlich, nein, schleichend wurde alles anders. Ich hörte Sätze wie: „Schau dich mal an, wie du rumläufst?“, „warum kommst du so spät, ich habe Hunger und aufräumen muss auch noch gemacht werden“, „putz noch das Bad und dann habe ich vielleicht Lust auf Sex“, „bring mir etwas Schönes mit, dann kannst du dir ein neues Hemd kaufen.“

Was Schönes waren bei ihr teure Pralinen, die sie so gerne aß. Ein neues Hemd war natürlich eines von der Stange. Sie selbst ging gerne und viel shoppen. Auch war sie ständig mit ihren Freundinnen aus dem Büro (sie arbeitete in einem Möbelhaus) unterwegs. Hier essen gehen, dort etwas Neues kaufen und oftmals reichte mir das Geld kaum für Lebensmittel. Miete musste auch bezahlt werden und neue Möbel gab es ständig.

Ich hatte ihr in unserer Anfangszeit viel über meine Kindheit erzählt und heute sage ich, es war ein sehr großer Fehler. Doch man vertraut ja auch. Ich wuchs in weiblicher Hand auf. Der männliche Part fehlte mir. So war ich eben hilfsbereit und gutmütig geworden.

Wir waren vier Jahre verheiratet, als ich feststellte, dass wir gar nichts mehr zusammen unternahmen und ich keinerlei eigene Freunde hatte. Die Männer ihrer Freundinnen gingen nie mit oder, besser gesagt, sie nahm mich nie mit. Einmal fragte ich sie, da sagte sie: „Das sind Männer und wir sind schon genug Frauen unter uns.“

Ich verstand es damals nicht, nahm es einfach hin. Ich wurde zum nickenden Ja-Sager.

Mal zwischendurch. Ja ich bin ein Mann. Durch und durch. Ich hatte auch nie das Gefühl, im falschen Körper zu stecken.

Das erste Mal rutschte ihr die Hand aus, als ich nach dem Einkaufen die Eier fallen ließ und sie sich im Flur ausbreiteten. Sie schimpfte und schlug mir ins Gesicht, jedoch entschuldigte sie sich sofort und schob es auf Stress an ihrem Arbeitsplatz. Ich war so geschockt, doch sie hatte diese nette Art und ich war einfach zu blind. Es vergingen fast zwei Jahre, bis es wieder passierte. Der Auslöser war, dass sie Sex wollte und ich nicht konnte. Ich war zu müde und kaputt und auch eine Erkältung hatte mich im Griff. Sie schlug auf mich ein. Nannte mich eine Blamage und ich würde sie nicht lieben und nur ausnutzen, wenn ich Lust hätte. Natürlich sah ich über ihren Ausbruch hinweg. Ich hatte Hämatome von ihren Tritten. Doch ich schwieg.

So ging es dann weiter. Ich lebte, um zu arbeiten, den Haushalt zu machen und ihr zu Diensten zu sein.

Wir waren zehn Jahre verheiratet, als ich mir das erste Mal richtig Gedanken machte. Doch hier war die Scham schon zu groß, um den Absprung zu schaffen. Sätze wie „Du bist nicht Mann genug“, „du bist mädchenhaft“ „ein Rock würde zu deinem Wesen passen“, „hast den Schwanz nur zum Pissen?“ waren an der Tagesordnung. Ich bekam keinen mehr hoch bei ihr, es ging einfach nicht. Denn Angst und Scham zu versagen nahmen mich voll ein. Als Mann in so einer Situation festzuhängen, ist der blanke Horror. Denn die Frau steht einfach für Sanftmütigkeit und eben für das schwache Geschlecht. Ich hatte auch enorme Wut auf mich selbst in mir. Auf sie auch, aber ich beherrschte mich, denn Frauen schlug man nicht, das hatte ich gelernt in meiner Kindheit. Sie müssen beschützt werden.

So vegetierte ich in dieser Ehe dahin. Mein Job machte mir Spaß und ich nahm jede Überstunde mit, die ich bekommen konnte. Auch wenn es zu Hause dann wenig Schlaf gab, denn die Sachen musste ich trotzdem erledigen.

In unserem zwölften Jahr verfrachtete sie mich ins Gästezimmer. Als Grund gab sie an, ich würde schnarchen. Mir war es ganz recht.

Im dreizehnten Jahr jedoch machte ich den ersten Schritt. Ich ging wie immer zur Arbeit und ein neuer Kollege lud mich auf ein Bier nach Feierabend ein. Ich sagte zu. Als ich nach Hause kam und mich umzog, machte sie mir eine Szene, doch ich freute mich auf das Bier und das erste Mal in 13 Jahren machte ich einen großen Schritt und sagte Nein zu meiner Frau. Sie drohte mir mit Sexentzug *(den hatten wir sowieso so gut wie gar nicht mehr),* dann schlug sie mich *(na ja, das war ich auch gewöhnt),* also ging ich.

Es war ein super Abend und ich kam ziemlich angeheitert nach Hause. Wie eine Furie stand sie vor mir und schlug mich mit einer Pfanne nieder. Ja, lacht nur, eine Pfanne. Doch ich hatte eine Gehirnerschütterung und für mich war das nicht lustig.

Tja, so ging ich zwar den ersten Schritt – aber dann kamen lange Zeit keine mehr.

Mir war es einfach zu peinlich. Oft fragte ich mich, ob ich überhaupt ein Mann sei. Zwei weitere Jahre vergingen. Mein Arbeitskollege lud mich oft auf ein Bier ein, doch ich sagte Nein und ging nie mehr mit.

Wenn ihr euch jetzt fragt, wo meine Schwestern waren und meine Mutter … Meine Mutter besuchten wir oft und hier spielte sie immer die nette Ehefrau. Meine eine Schwester dagegen merkte was und sagte öfters: „Deine Frau nutzt dich nur aus.“ Doch ich schwieg.

Dann kam der Tag, als sie mich die Treppe runterschubste. Ja, sie hatte Kraft in ihren hysterischen Anfällen. Ich war ziemlich stabil gebaut, doch ich hatte es nicht kommen sehen. Mit zwei gebrochenen Rippen und einer Bein- und Kopffraktur kam ich ins Krankenhaus. Danach in Reha und hier hatte ich Glück, das sie 400 km entfernt war. Wir hatten kein Auto, so konnte sie mich nicht besuchen und telefonieren… ja sie rief mehrmals täglich an, doch ich konnte einfach nicht rangehen. Das erste Mal wehrte ich mich gegen sie, indem ich einfach ihre Anrufe ignorierte. Dann, in einem sehr schlimmen depressiven Moment, sprach ich es gegenüber einem Mitpatienten aus, was ich nie machen wollte. Er klagte, dass seine Mutter ständig anrief und sich Sorgen machte, und ich sagte darauf: „Es wäre schön, wenn meine Frau aus diesem Grund anrufen würde, doch es muss nur wieder zu Hause aufgeräumt werden."

Ein Wort gab das andere und irgendwann liefen mir die Tränen über die Wangen und er hielt mich im Arm. Ich weiß noch, als andere vorbeiliefen, und hörte den einen flüstern: „Schwuchteln." Doch das ging wie im Nebel an mir vorbei. Ich, ein Mann, lag in den Armen eines anderen Mannes und weinte. Peinlicher geht es nicht mehr. Doch er ging mit mir zum Psychologen der Klinik. Blieb bei mir. Ich schämte mich so sehr, doch ich konnte einfach nicht mehr. Brach zusammen. Es war ein Montag, das weiß ich noch genau. Seitdem ist der Montag für mich ein besonderer Tag.

Nicht nur besonders, weil ich den Mut aufbrachte und darüber redete, sondern auch, weil ich in einem anderen Mann Halt fand. Ich dachte gar nicht darüber nach, er war einfach da. Unterstütze mich. Hielt mich im Arm. Er begleitete mich zu Gesprächen, baute mich auf. Von ihm hörte ich das erste Mal Wörter wie toxische Beziehung und Missbrauch. Bis zu diesem Montag hatte ich nie das Verlangen oder die Sehnsucht, mich von einem Mann anlangen zu lassen, geschweige denn mich an ihn zu lehnen. Ich war so sehr damit beschäftigt, das alles zu begreifen, was sie mir erzählten und dass ich Opfer einer toxischen Beziehung geworden war, dass ich darüber gar nicht nachdachte. Meine Schwestern waren plötzlich für mich da. Sie halfen mir in vielen Dingen. Holten meine Sachen, halfen mir mit der Scheidung. Ich erlebte alles wie einen Traum. Eine Nebelwand umgab mich. Er war immer an meiner Seite.

Doch dann kam der Moment. Ich saß in meinem neuen Zuhause auf der Couch und er war bei mir. Ich sehnte mich nach…was, wusste ich nicht genau. Ich bekam Panik, sprang auf, zitterte. Er sagte mir später, ich hyperventilierte, und sagte immer wieder: „Ich bin nicht schwul." Irgendwann beruhigte ich mich und dann trat Stille ein. Er saß bei mir und wir redeten die ganze Nacht. In dieser Nacht erfuhr ich das erste Mal seine Geschichte.

Irgendwie drehte sich das Leben nur um mich, bis zu diesem Augenblick. Seinen Satz „ich bin auch nicht schwul" werde ich wohl nie vergessen. Nein, wir waren es beide nicht, doch wir hatten beide die gleichen Erfahrungen gemacht und waren in eine toxische Beziehung geraten. Unsere Geschichten hatten viele Parallelen. Ich war kein Einzelfall und es war nicht unmännlich, dass ich mich von einer Frau beherrschen ließ. Es war ein sehr schwerer Prozess und ohne ihn hätte ich es wohl nicht geschafft, wieder offen ins Leben zu gehen.

Heute sind wir beide verheiratet und immer noch dicke Freunde. Wir sind Männer, die ein Bier trinken gehen, unsere Frauen lieben und, ja, auch auf Händen tragen. Zu meiner jetzigen Frau war ich von Anfang an ehrlich. Ich sagte ihr schon kurz nach unserem Kennenlernen in was für einer Beziehung ich gefangen war. Heute rechne ich es ihr hoch an, dass sie nicht davongelaufen ist. Denn es war wirklich nicht leicht mit mir. So war ich doch ein gebranntes Kind, wie man so gerne sagt. Nun sind wir schon 21 Jahre verheiratet. Es gibt immer noch Momente, die mich oft an mir zweifeln lassen und in denen die Frage aufkommt, ob ich ein männlicher Mann bin. Doch meine Frau holt mich schnell wieder zurück.

Auch wenn man als Mann im Haushalt hilft oder einkaufen geht, ist man ein Mann – eben ein liebender Mann. Selbst wenn man Schwäche zeigt, man bleibt ein Mann, sogar ein sehr starker. Heute bin ich stolz auf meine Kindheit. Denn sie hat mich zu einem guten Mann gemacht. Dass ich mich von meiner Ex-Frau beherrschen ließ, lag nicht an mir. Toxische Menschen sind Künstler in Vertuschung und Verdrehung von Tatsachen. Sie gehen es schleichend an und wenn du dann noch, wie ich, in so einer Kindheit aufgewachsen bist, hast du keine Chance gegen sie. Bis der Punkt kommt und dich die Erkenntnis trifft – um dann doch rauszukommen, bedarf es Hilfe, die man annehmen muss. Alleine ist das nicht möglich. Ich danke dafür, dass ich ihn kennengelernt habe, und heute lachen wir gemeinsam bei so mancher Flasche Bier darüber.

Ich wurde missbraucht auf seelische, toxische und auch körperliche Art und trotz allem bin ich ein Mann.

Ich habe überlebt *1963

Auf ein Wort zwischendurch

Wer in einer toxischen Beziehung festhängt, erlebt einen psychischen Missbrauch, der nicht weniger schlimm ist als ein körperlicher Missbrauch. Toxisch bedeutet giftig, bösartig, gefährlich, zermürbend und schädlich. Es ist oft ein schleichender Prozess. Man könnte auch sagen, dass toxische Menschen Meister der Manipulation sind. Ja, sie sind sogar liebevoll und zuvorkommend – bis der Punkt kommt, an dem sie ihr wahres Wesen zeigen.

Sie beherrschen die Manipulation auf höchstem Niveau. Sie stehen oft in Verbindung mit Narzissmus. Narzissten neigen zu Egoismus, Unterdrückung, Kontrollsucht und Empathielosigkeit – dies sind alles Eigenschaften, die eine Beziehung auf Augenhöhe verhindert und dafür sorgt, dass die Beziehung den Partner mehr Kraft kostet, als sie spendet. Ein Zeichen für eine toxische Beziehung ist, dass du dich immer zwischen ganz heiß und ganz kalt gefangen siehst. Es gibt keinen Mittelweg. Egal, was du tust, es ist falsch. Du tust Dinge, die du eigentlich gar nicht möchtest, nur um zu gefallen. Du fühlst dich unsicher und nicht gut genug.

Ist man in die Hand eines toxischen Menschen gefangen, kommt man sehr selten alleine wieder raus, denn es fällt einem selbst oft nicht auf. Ganz schnell kann es in körperlichen Missbrauch übergehen. Hier ist sehr wichtig, auch besser hinzuschauen. Freunde und Familie sind hier gefragt.

Ein Mensch in einer toxischen Beziehung wird sich früher oder später aus dem sozialen Umfeld herausziehen, um nur noch für den „Gebieter“ da zu sein. Er kappt die sozialen Kontakte, um keinen Einfluss von außen zuzulassen, der ihn in seiner Manipulation einschränken könnte. Deswegen reagiere. Oft ist dies die einzige Möglichkeit, dass ein Opfer aus der Situation befreit wird.

Doch denke immer an den Schutz des Betroffenen und an deinen eigenen. Reagiere mit Vorsicht, dass du dich nicht selbst in Gefahr bringst. Beobachte, hake nach und, im äußersten Notfall, suche eine Beratungsstelle auf und informiere dich.

Beratungsstelle für Betroffene und Angehörige
https: //toxische-beziehung. de/
0176-31699588 oder 0176-44278586

Flint

„Du weißt nie, wie stark du bist, bis stark sein die einzige Wahl ist, die du hast.“

(Bob Marley)

EinBlick

Wie wundervoll sie doch ist. Wie hübsch anzusehen.
Die dunkelblonden Haare kunstvoll aufgesteckt.
Einzelne Locken, die wirr fallen, machen einen neckischen Eindruck.
Dezent geschminkt, die Augen strahlend.
Rouge auf den Wangen. Sie lassen das Gesicht frisch aussehen.
Rote Lippen, zart, einladend und verführerisch.

Bekleidet mit einer schwarzen langärmligen Bluse mit Schnüren am Handgelenk.
Den linken Ringfinger ziert ein Solitär.
Das Dekolleté offen und doch anständig.
Ein breites dunkles Samtband umschlingt den Hals.
Ein schwarzer Rock, knielang und eng, umschmeichelt die Hüften. Die Seiten mit Schnüren versehen.

Die Beine in zarten Strümpfen, schwarz, blickdicht. Schwarze Pumps, 5-Zentimeter-Plateauabsätze runden das Gesamtergebnis ab.
Wie wundervoll sie doch ist.

Eine zerbrochene Seele, der Körper von schlimmen Narben überzogen. Verborgen und unsichtbar für das Auge.

Ich starre auf das Blut, das an meinen Armen hinunterläuft. Verfolge den Tropfen, der auf den Boden fällt und dort vom Teppich verschlungen wird. Aufgesaugt. Ich spüre den Schmerz brennen, feurig scharf. Ich sitze und starre bewegungslos. Jedoch in meinem Inneren ist es wie ein Aufatmen, eine Erlösung, eine Befreiung. Der fröhlich klingende Ruf „hallo Schatz, ich bin wieder da“ weckt mich aus meiner Starre. Schnell stecke ich das Messer unter meine Bettdecke und schlinge ein Tuch um meinen Arm, ziehe die Ärmel meines Pullovers darüber und setze ein Lächeln auf, als schon die Tür aufgerissen wird. Mama steht vor mir, lächelnd. „Na, wie war dein Tag in der Schule? Komm, machen wir uns was zu essen.“ Eine Antwort wartet sie nicht ab. Sie dreht sich um und ich folge ihr.

Schwupps, und schon bin ich wieder in der Rolle der Tochter, die unbeschwert ihre Jugend erlebt.

Ich bin zwölf Jahre alt und denke wirklich darüber nach, Schauspielerin zu werden. Ich stelle mir die tollsten Rollen vor, in denen ich auftrete. Filme mit Happy End natürlich, in denen mich am Ende ein Ritter auf einem weißen Pferd rettet, mich in den Arm nimmt und beschützt, gegen die Dämonen und Ungeheuer. Ich bin sehr gut im Schauspielen. Mit meiner Mutter ist es ein Spiel. Oft schauen wir zusammen einen Film und ahmen die verschiedensten Rollen nach. Es ist lustig und sie sagt, ich habe wirklich Talent. Wenn sie wüsste, wie groß mein Talent ist, würde sie nicht mehr lachen. Doch ich liebe ihr Lachen und will es ihr nicht nehmen. Ich brauche es. Genieße es, bis es Abend wird. Dann öffnet sich die Tür und ein „hallo, bin da“ in einem tiefen Bariton erklingt. Ich rufe „hallo“ und gehe in mein Zimmer. Ich lausche und kurz darauf höre ich die Wohnungstür auf- und zugehen. Das Lächeln verschwindet, Mama geht, um die Praxisräume eines Arztes zu reinigen. Brauchen wir dieses zusätzliche Geld? Eigentlich nicht. Doch sie macht es gerne. Fünfmal die Woche für drei Stunden. Ich weiß, wie es läuft, und als sich meine Zimmertür öffnet, liege ich schon ohne Hose, unten frei, breitbeinig auf dem Bett. Die Augen geschlossen. Mein Inneres zittert. Doch ich konzentriere mich auf das Brennen meiner Wunden am Arm unter meinen Pullover. Es ziept und schmerzt und zeigt mir, dass ich lebe.

Wie im Nebel höre ich: „Na, mein kleiner Liebling, warst du heute ein liebes Kind? Papa belohnt dich.“ Immer die gleichen Worte. Ich kann sie schon auswendig. Papa? Ha! Eine Lüge – Stiefvater wäre die Wahrheit, Dämon, Teufel, Exorzist… all das und noch mehr. In meinen Gedanken gebe ich ihm allerlei Namen, passendere Namen als Papa. Ich spüre nichts. Höre schon lange nicht mehr sein Grunzen und Stöhnen, den Schmerz zwischen meinen Beinen, obwohl er irgendwas in mich schmiert mit seinen dicken Fingern. Ich nehme nicht mehr den Geruch wahr, stinkend und zum Kotzen. Meine Gedanken und vor allem mein schmerzender Arm lenken mich ab. Dann höre ich: „Sei weiterhin brav, damit Papa nicht Mama dafür bestrafen muss, dass sie dich nicht richtig erzieht.“

Immer das gleiche, mit kurzen Abweichungen. Dann höre ich, wie sich die Zimmertür schließt.

Ich setze mich auf. Greife nach dem Messer unter meiner Decke und rolle meinen Ärmel hoch. Das Tuch ist blutgetränkt. Ich nehme es ab. Verkrustete Narben zieren meinen Arm. Ich setzte das Messer an, drücke und schneide. Zischend entweicht mir mein Atem. Es schmerzt höllisch und ich beiße mir meine Lippen blutig, doch kein Schrei verlässt sie. Ich starre auf das Blut, die Messerklinge. Dann lege ich es weg, stehe auf und geh duschen. Das Blut rinnt vermischt mit dem Wasser davon. Wenn es mich doch mitnehmen könnte.

Ich geh schlafen, mit dem Wissen: Täglich grüßt das Murmeltier.

Meine Mutter war alles für mich. Mein echter Vater starb, als ich sechs Jahre alt war, bei einem Autounfall. Er liebte mich über alles und ich erinnere mich sehr gerne an die Zeit, als alles noch bunt war. Mama war nach dem Tod von Papa sehr traurig und wir beide hatten eine sehr enge Beziehung. Dann lernte sie ihn kennen. Er war witzig und charmant. Mama und ich redeten oft darüber und ich wusste, dass sie wieder jemanden brauchte. Wir brauchten einen Mann im Haus. Er passte irgendwie perfekt zu uns. Ich war acht Jahre alt, als sie mir sagten, dass sie heiraten würden. Ich freute mich, denn ich mochte ihn sehr gerne und Mama lachte wieder und dieses Lachen war mit viel Spaß verbunden.

Versunken ist die Erinnerung im Nebel, der Tag, als sich alles änderte. Als der Dämon zum Vorschein kam. Ich weiß nur, es war kurz, nachdem ich das erste Mal meine Periode hatte.

Ich war elf Jahre alt. Ja, ich wusste bestimmt, dass es falsch war, was passierte. Doch heute weiß ich, dass es Angst war, die mich schweigen ließ. Drohungen, die sich in meinen kindlichen Kopf verankerten. „Kein Wort, sonst tue ich Mama weh“, „sei ein braves Mädchen, dann bin ich lieb zu deiner Mama.“ Das waren typische Sätze.

Wann fing ich an zu ritzen? Sehr kurz nach dem ersten Mal. Es war ein Unfall. Ich schnitt mich, als ich Mama in der Küche half, in den Finger. Ich starrte das Blut an, spürte den Scherz und irgendwie tat er mir gut. Mama machte eine große Szene daraus. Ein großes Pflaster zierte meinen Finger und ich bekam Kuscheleinheiten und Trost. Nachdem er mich an diesem Abend verlassen hatte, holte ich ein Messer. Obwohl mein Finger noch pochte, fügte ich mir den ersten Schnitt am Arm zu.

Das Murmeltier grüßte mich jeden Tag aufs Neue. Am Wochenende hatte es Pause und meine Schauspielkunst wurde bei Familienausflügen auf die Probe gestellt. Als ich 15 wurde, erkrankte meine Mutter und der Dämon sah das erste Mal meine Schnitte. Mama schlief. Die Krankheit nahm sie sehr mit und sie nahm Schlaftabletten. Er kam zu früh und erwischte mich mit dem Messer in der Hand. Ich weiß noch, er schaute mich bloß schweigend an. Ich legte das Messer weg und zog mich aus wie immer. Ließ es über mich ergehen. Doch dann kam etwas anderes. Denn er sagte: „Schneide in deine Oberschenkel, dort wird es niemand sehen und das Blut ist schöner.“ Als er weg war, starrte ich auf meine nackten Schenkel, noch immer gespreizt, und ich griff nach dem Messer und fing an, kleine Schnitte zu setzen. Es brannte höllisch. Es tat weh, viel mehr als am Arm. Doch er hatte recht. Das Blut sah heller und frischer aus. Faszinierte mich. Den Schmerz hieß ich Willkommen. Ich schnitt ihn förmlich aus mir heraus. Von da an wechselte ich zwischen Armen und Beinen. Es war wie eine

Sucht. Nach außen war ich eine normale 15jährige, mit dem Hang zu langen Kleidungsstücken, egal, wie warm es war. Es war eben mein Ding, mich zu verhüllen. Wenn mal einer fragte, dann war ich eben sonnenallergisch.

Als meine Mutter starb, hatte ich nur noch wenige Monate, bis ich 18 wurde. Der Tag ihrer Beerdigung war der Tag, als ich ging. Eine Freundin nahm mich erst mal auf. Ja, die hatte ich, doch sie sahen auch nur in mir ein ganz gewöhnliches Mädchen. Ich war wirklich die perfekte Schauspielerin. Der Dämon regte sich tierisch auf, dass ich auszog. Doch was konnte er schon tun? Das Amt einschalten? Dann wäre alles rausgekommen. Mich weiter erpressen mit Mama konnte er nicht, denn sie war nicht mehr da. Ja, sie starb mit dem Wissen, dass ich ein fröhliches aufgewecktes Mädchen war, das beschützt wird von ihrem „Papa". Eine LÜGE – doch was tut man nicht alles, wenn man einen Menschen liebt?

Ich zog in eine Wohngemeinschaft mit noch vier Personen. Alles verschiedene Menschen, doch für mich eine gute und günstige Lösung. Na ja, man könnte uns als Chaos-WG bezeichnen. Ein kiffender Möchtegernkünstler, eine Krankenpflegerin, eine Kellnerin und ein Kurierfahrer. Bis heute weiß ich nicht, was er für Ladungen hatte. Doch es kümmerte mich nicht. Unter ihnen war ich als Bürokauffrau die Normalste. Sie ließen mich in Ruhe. Mein Zimmer konnte ich abschließen und keinen interessierte, was hinter meiner Tür passierte. Das wurde mir jedoch eines Tages zum Verhängnis. *(Dazu später mehr)*

Ich lebte wie jeder andere. Ging arbeiten, hatte Spaß mit Freunden in der Disco und hatte Hobbys. Radfahren und

Lesen. Abends jedoch, in meinem Zimmer, hinter der verschlossenen Tür, nahm ich das Messer zur Hand und begrüßte den Schmerz. Ich wollte es nicht. Der Kontakt zum Dämon war abgebrochen. Es war nicht mehr nötig, doch ich machte weiter. Es war nötig, denn es war der Schmerz, der mir zeigte, dass ich lebe. Ich ritzte mittlerweile auch meinen Bauch, denn die Arme und Beine waren schon vernarbt und ließen kaum noch Blut heraus. Das Gefühl, wenn das Messer in mein Fleisch schnitt, wenn mein Blut aus mir lief, der brennende Schmerz, war mein Kraftgeber.

Dann lernte ich meinen ersten Freund kennen. Ich wollte mir selbst etwas beweisen und hatte den ersten Sex, im Stockdunklen und nur das Nötigste nackt. Es war geil und er akzeptierte es so. Dann kam der Tag, wo er mich darauf ansprach. Ob das so ein Fetisch von mir ist. Im Dunkeln und angezogen. Also zog ich mich aus, doch das dunkle Zimmer blieb. Da achtete ich sehr darauf. Es war eine Sexbeziehung, mehr war es nicht, das weiß ich heute. Wenn ich Lust darauf hatte, trafen wir uns. Sobald er gegangen war, machte ich Licht und nahm mein Messer. Am Morgen schlüpfte ich wieder in die Rolle der Bürokauffrau, die fröhlich ihr Leben lebte.

Wir waren ein halbes Jahr zusammen, als er versehentlich gegen die Nachttischlampe stieß. Sie fiel hinunter und flammte auf. Ich lag nackt auf dem Bett und er starrte mich an. Schnell nahm ich die Decke, doch er riss sie weg und ich werde nie den Blick vergessen. Erst Unglaube, dann entsetzen und dann kam dieser Blick, den ich heute als dämonisch bezeichne. „Zeig mir dein Messer“, sagte er. Er nahm es mir aus der Hand und legte es an meinem Schamhügel an. Ich war wie erstarrt. Er schnitt. Es war ein höllischer Schmerz, der mich aufspringen ließ. Ich schrie ihn an zu gehen und prügelte auf ihn ein, schmiss Sachen nach ihm. Ich sah, wie sein Schwanz stramm stand. Er war erregt, es kotzte mich an, buchstäblich übergab ich mich. Er nannte mich eine Irre und zog sich an und ging. Er rannte förmlich aus meinem Zimmer und meinem Leben. Ich lag auf meinem Laken und sah das Messer, die Sehnsucht des Schmerzes, mich zu heilen, gewann und ich stach es fest in meinen Oberschenkel. Dann driftete ich ab.

Aufgewacht bin ich im Krankenhaus, zwei Monate später. Man erzählte mir, dass ich zweimal einen Herzstillstand hatte und sie mich wieder zurückholten. Ich hatte in meinem eigenen Blut gelegen, mit einem Messer in der Hand, zwei Tage in meinem Zimmer. Warum ich nicht tot war? Ich hatte mir die Schlagader angeritzt. Das konnte mir nicht mal der Arzt erklären. Der kiffende Künstler fand mich. Sein Zimmer grenzte an meinem und als er ein Bild aufhängen wollte, bohrte er durch die Wand und bei mir fiel etwas scheppernd zu Boden (meine Uhr). Als ich aufs Klopfen nicht reagierte, dachte er, ich bin nicht da, und brach meine Tür auf, um den Schaden zu beheben, bevor ich nach Hause kommen würde. Die anderen haben mir später erzählt, dass er schrie wie in einem Horrorfilm und sich sogar eingepisst hat. Heute lache ich darüber, doch ich kann mir auch gut vorstellen, was ich für ein Bild abgab und was das für ein Schock für ihn gewesen ist.

Ich bin dem Tod noch mal von der Schüppe gesprungen. Die Therapie half mir und ich lernte andere Ritzer kennen. Wir alle kämpften gegen den Drang, uns selbst zu verletzen. In der Therapie ging es nur um das Ritzen, was für ein

Gefühl uns überkommt, was für eine Macht dahintersteht. Doch wie es begann und warum – darüber wurde nicht geredet. Die Kernaussage war immer: „Die Vergangenheit ist vorbei, nur das, was jetzt ist und kommt, zählt.“

Heute ritze ich mich nicht mehr. Mein Körper ist voller hässlicher Narben und ich könnte sogar noch sagen, wann ich mir welche zugefügt habe. Meinen Schmerz hole ich mir nun anders. Am Anfang war es mehrmals die Woche, dass ich ein SM-Studio besuchte und mich auspeitschen ließ. Mittlerweile gehe ich ein bis zweimal wöchentlich. Ich bin dort nur eine anonyme Sub.

Seht mich, wenn ich durch die Straße laufe. Chic angezogen, mittlerweile verheiratet und Mutter von zwei Kindern, die ich auf Händen trage. Mein Mann kennt meine Geschichte, doch er ist der Einzige. Er steht bei allem neben mir und akzeptiert meinen Drang nach Schmerz, denn sogar die Therapeuten interessierte meine Geschichte nicht. Für sie war nur die Tatsache, dass ich mich geritzt habe und fast dabei drauf gegangen bin, wichtig.

Warum habe ich nie etwas gesagt, erzählt, was mir passiert ist, wie ich missbraucht wurde. Warum habe ich geschwiegen? Weil ich nicht verurteilt werden wollte. Die Medien zeigten mir immer wieder, wie man Missbrauchsopfer verurteilte und ihnen die Schuld gab. Sie als naiv bezeichnete. Sie als zu schwach bezeichnete, sich zu wehren und weil ich so sehr in meiner Rolle versunken war, der Außenwelt meine Schauspielkunst zu zeigen, dass ich die Tatsachen selbst ignorierte.

Eine zerbrochene Seele, der Körper von schlimmen Narben überzogen. Verborgen und unsichtbar für das Auge– das bin ich.

Ich habe überlebt *1966

Jaspis

Es ist sehr einfach, zu sagen, das wird schon wieder, wenn man dieses „Problem“ gar nicht kennt.

EinBlick

In einer leeren Dimension schweben. Alles aussperren und schwerelos sein. Nicht denken, nicht fühlen, nichts empfinden. Liegenbleiben, nicht aufstehen. – Es ist ein tolles Gefühl. Frei und unbeschwert. Leicht und es erscheint vollkommen. Ich schaue von außen auf mich herab und sehe eine Person, die verdreckt, eingepisst und sabbernd auf dem dreckigen Asphalt liegt. Neben ihr Unrat. Ich sehe, wie sie zittert und wie der kalte Regen auf sie fällt, und wundere mich, wie sie das auszuhalten vermag. Mir selbst ist warm.

Ich fühle mich geborgen, ja, sogar glücklich. Ich frage mich: Was ist das für eine Idiotin? Warum kämpft sie nicht und steht auf? Warum bleibt sie am Boden liegen? Wie kann man bloß so verwahrlosen? Ich rufe ihr zu: „Hey, steh auf. Du schaffst das. Fange an, dein Leben in die Hand zu nehmen."

Doch sie dreht sich nur um. Sabbernd und schlotternd legen sich ihre Arme um ihren schmächtigen Körper. Mir weht eine Alkoholfahne entgegen. Eine Ratte läuft an ihr vorbei. Mich schüttelt es vor Ekel.

Ich drehe mich um und schaue in die Sterne. Sie sind so wunderschön und ich schwebe immer näher an sie heran.

Ich weiß immer noch den letzten Wortwechsel als ich aus meinem Zuhause abhaute. Ich war 17 Jahre alt. Schule doof. Wozu lernen? Meist wurde nur an mir herumgemeckert. Mein Bruder war tot. Ich fand ihn im Kinderbett, als ich 13 war. Das Bild verfolgte mich. Leere Augen. Er war zwei Jahre alt. Herzfehler, sagten sie. Mein Vater ging weg und meine Mutter hatte ihre eigenen Probleme. Sie verkraftete den Verlust nicht. Dass ich auch ein Trauma hatte, ich hatte ihn immerhin gefunden, daran wurde nicht gedacht. Ihr war es egal, wenn ich nachts betrunken nach Hause kam. Da war sie oft selbst schon im Koma. Ich fand ihre Kokainreste auf dem Küchentisch und bediente mich daran. Sie wusste eh am nächsten Tag nicht mehr, dass sie sie hat liegen lassen. Meine erste Nase zog ich mit 15 Jahren. Die Wohnung sah aus wie eine Müllhalde. Der Kühlschrank war immer leer. Dass sie mir was gekocht hat, Fehlanzeige. Ich glaube heute, die meiste Zeit erinnerte sie sich nicht mal daran, dass sie noch ein Kind hatte.

Sie lag wieder mal zugekokst auf der Couch, als ich nach Hause kam. Ich höre immer noch ihre Worte: „Wo kommst du denn her, du Schlampe?"

Ich sah sie an und schrie: „Wer ist hier eine Schlampe, du Rabenmutter?"

Dann kam es. Sie schrie: „Verpiss dich." Die letzten zwei Worte, die ich von meiner Mutter hörte.

Ich war voller Wut und packte mir einen Rucksack, klaute ihr bisschen Geld, was in der Küche lag, und verschwand.

Wohin? Ich hatte ja Freunde. Ha, dachte ich zumindest. Ich klapperte sie die halbe Nacht ab. Doch bei keinem durfte ich bleiben. „Verpiss dich.“ Diese zwei Worte hörte ich so oft. Sie brannten sich in mein Inneres ein.

Ich kaufte mir eine Flasche Schnaps. Was es war, weiß ich heute nicht mehr. Ich trank mich ins Koma. Wachte irgendwann in der Gosse auf. Vollgekotzt. Von da an ging es steil bergab. Tagsüber schlief ich meistens irgendwo im Park und abends ging ich los. Zog durch die Bars. Ließ mich aushalten, schnorrte. Ich war so voller Wut und „verpiss dich“ wurde mein Lieblingssatz. Du bist jung, hast viele Emotionen und eine große Wut in dir. Die, die du Freunde nanntest, lassen dich fallen, helfen dir nicht. Zum Saufengehen am Abend war ich gut genug. Doch kein Einziger ließ mich bei sich wohnen. Ich hasste die Welt und jeden, der mir begegnete.

In einer Bar lernte ich sie kennen. War ich hübsch? Ja, ich sah ganz passabel aus. Sie spendierten mir Drinks und eine Linie Koks. Auf nüchternen Magen verheerend. Dann hatte ich einen Filmriss. *(Egal, wie sehr ich versuche, mich zurückzuerinnern, ich weiß es nicht mehr, was dann geschah. Mir fehlen etliche Tage.)*

Ich hatte ein Bett, bekam was zu essen, genug Alkohol, um in einem ständigen Delirium zu sein, und vögelte für Geld. Wovon ich jedoch nie etwas sah. Na ja, Bett, Essen, Alkohol und Drogen – wozu brauchte ich schon Bargeld? Drogen, ja irgendwann kam das Heroin dazu. Es bremste meinen Hass auf die Welt aus *(Filmriss)*.

Ich liege auf der Straße. Mir ist kalt. Ich hasste diese Kälte. Ein Obdachloser gab mir eine Jacke. Daran erinnere ich mich. Sie stank, doch sie war warm. Ich schlurfte durch die

Stadt und schnorrte. Dann kaufte ich mir Alkohol und trank. Doch das reichte nicht. Ich brauchte Drogen, Heroin. Woher ich wusste, wohin ich musste, um dies zu bekommen? Frag mich nicht, ich weiß es nicht. *(Immer wieder Filmrisse. Bis heute noch.)* Ehrlich gesagt konnte ich mich oft nicht mal an meinen Namen erinnern. Nachname Fehlanzeige. Ausweis verloren oder gestohlen – keine Ahnung. Ich lebte von einem Schuss zum anderen. Irgendwann erfuhr ich, dass drei Jahre vergangen waren, und ich kann mich bis heute an vieles in dieser Zeit nicht erinnern. So, als hätten sie nie existiert. Komisch, den leeren Blick der Augen meines Bruders vergaß ich nie.

Ich saß auf der Straße. Obdachlos. Doch ich hatte Menschen um mich herum. Plötzlich hatte ich Freunde. Gleichgesinnte. Wir halfen uns gegenseitig. Es wurde geteilt. Essen, Drogen und der Unterschlupf. Gab man etwas, bekam man auch etwas. Ich: Junkie, Abschaum, Bitch, Punk. Das war ich. Nicht Mensch in Nöten, sondern Säuferin und Obdachlose. Ich war ständig high. Der Bahnhof war mein Zuhause. Dort bekam man alles. Geld, denn es waren immer Menschen unterwegs, die es eilig hatten, und schon alleine weil sie genervt waren, etwas gaben, damit ich sie in Ruhe lies. Alkohol, es hatte immer ein Kiosk auf, wo ich Nachschub bekam. Drogen, ja auch Dealer waren immer unterwegs. So war ich eine gute Kundin. Es gab Tage, da lag ich nur in der Ecke, zugedröhnt bis Oberkante. Gerne setzte ich mich auf den Bahnsteig und sah den Zügen hinterher. Einmal einsteigen und wegfahren. Raus aus dem Dreck. Bahnhöfe sind die dreckigsten Ecken in jeder Großstadt. Die können die Böden noch so sehr wischen, es bleibt dreckig, voller Müll. Ab und an ging ich in die Tafel zum Essen, doch meist bestand meine Nahrung aus Alkohol und den verschiedensten Drogen. Heroin war teuer und ich wich oft auf Opiate aus. Das war im Nachhinein mein Glück, denn sonst hätte ich mir sicher irgendwann den goldenen Schuss gesetzt. Wenn der Entzug einsetzte, Übelkeit, Erbrechen *(was schrecklich ist, wenn man nichts im Magen hat außer Alkohol),* war ich verwirrt und auch wurde ich aggressiv, bekam Schweißausbrüche. Durch die Opiate, fragt nicht was für welche*(ich schluckte alles, was ich bekommen konnte. Jede kleinste Pille),* gingen die Schmerzen weg und die Anspannung verflog. Dazwischen mal eine Line Koks.

Wusste ich, dass ich süchtig bin? Gute Frage. Irgendwie ja, irgendwie nein. Heute würde ich sagen, ja. Doch ich denke nicht, dass ich das damals wusste. Man lebt anders. Na ja, wenn man dies Leben nennen kann. Du hast einen Tagesablauf. Aufstehen, Alkohol und Drogen besorgen, saufen und koksen. Wenn ich jetzt so zurückdenke, hatte ich viele Filmrisse.

Einmal brachten sie mich ins Krankenhaus. Ich blutete wohl aus Mund, Nase und Ohren. Doch bekam ich Tabletten und wurde wieder auf der Straße abgeladen. Genau dort, wo sie mich vom Asphalt gekratzt hatten. Ja, so ist die Bürokratie, das so feine Gesundheitssystem. Hast du keine Versicherung, bekommst du eine Notbehandlung und dann wieder raus in den Dreck. Sie gaben mir Pillen. Toll, ich, ein Junkie, bekam Pillen. Als wenn ich nicht schon genug intus hätte. Motto: Schmeißt sie wieder raus in den Dreck, dort kann sie verrecken und verursacht keine Kosten.

Bist du in einer Stadt, bleibst du auch dort. Denn du lernst die Ecken kennen. Doch ich ging mit ein paar Junkies mit. Angeblich besserer Umschlagplatz. Irgendein stinkender Waggon, genau weiß ich das nicht mehr.

Ich lebte nur noch für meinen Drogenkonsum. Für alle Menschen war ich Straßendreck. Kein Einziger interessierte sich für mich.

Dann kam der Tag, als ein Mann sich zu mir hinunterbeugte und sagte. „Hey, die hier können wir nehmen für den Porno. Die kriegt eh nix mehr mit."

Ich schrie ihn an: „Verpiss dich." Dabei habe ich wohl Spucke auf ihn regnen lassen. Er trat mir in die Seite, beschimpfte mich als dreckige Schlampe und Junkie und brach mir zwei Rippen dabei. Durch die Opiate, die ich genommen hatte, konnte ich den Schmerz nicht spüren.

Ich weiß noch, dass ich mich dort liegen sah, irgendwie von oben, und mich über diesen Menschen wunderte, der da im Dreck lag. Sterne, schmerzlos, leicht, warm. Stimmen. Doch an mehr erinnere ich mich nicht.

Später erfuhr ich, dass meine Lunge kollabierte, weil sich eine der Rippen hineingegraben hatte. Später – na ja, vier Monate später. Ich wäre fast verblutet und durch den Alkohol- und Drogenspiegel versetzte man mich ins künstliche Koma. Sie behielten mich im Krankenhaus. Wohl hatten sie nicht gedacht, dass ich so lange überleben würde. Meine Leber und meine Nieren hatten aufgehört zu arbeiten. Meine Organe kollabierten immer wieder. Ich hatte Entzugserscheinungen und es dauerte wohl sehr lange, bis mein Körper entgiftet war. Man erzählte mir, dass man mich zweimal wiederbelebte. Ich lag noch zwei weitere Monate im Krankenhaus.

Auch wenn ich nun clean war, kam ich in eine Entzugsklinik. Mein Psychologe *(ja, den bekam ich)* und ein Sozialpfleger bestanden darauf.

Mit ihnen zusammen und den Therapeuten der Entzugsklinik setzte ich die Bruchstücke meiner Erinnerungen zusammen. Ich habe einige Seiten vollgeschrieben. Alles durcheinander und sehr verwirrend. Oft nur einzelne Worte wie Blut, Dreck, Brücke, kalt, Neonlampen, Augen…ja, Augen gab es oft. Junge Augen. Oft steht quer über der Seite: „Verpiss dich."

Wie alt ich war? Das erschreckte mich am meisten. Denn ich war 31 Jahre alt. Somit war ich 14 Jahre auf der Straße und weiß so gut wie nichts mehr, was in diesen Jahren passiert ist.

Das Schlimmste für mich war, Menschen in der Entzugsklinik zu sehen, die eben auf Entzug waren, und ich dankte irgendwie diesem Kerl dafür, dass er mir in die Rippen getreten hatte. Denn so musste ich die Tortur nicht mitmachen. Ich wäre wahrscheinlich bald tot gewesen, wenn mich sein Tritt nicht ins Krankenhaus befördert hätte.

Meine Mutter war gestorben an einer Überdosis, mein Vater nicht auffindbar. Mir war das egal. Ich bekam eine Chance zu leben und die nahm ich an. In meinen Albträumen sehe ich mich heute noch dort unten liegen. Auch erfuhr ich, dass es eine Form des Missbrauchs ist, was mir zu Hause passiert war. Ich verwahrloste. Denn man kümmerte sich nicht um mich. Meine Mutter war nicht fähig dazu in ihrem eigenen Leid, doch suchte sie auch keine Hilfe und somit fiel ich auch durch das System. Mit dem Alkohol-

und Drogenkonsum war ich auch nicht fähig, Nein zu sagen, als man mich sexuell ausbeutete und weiter mit Drogen vollpumpte.

Was mache ich heute? Ich lebe in einer kleinen Wohnung, größtenteils anonym. Arbeite hin und wieder mal, bekomme Geld und genieße mein Leben. Nebenbei helfe ich Obdachlosen und betreue hin und wieder Menschen, die einen Entzug hinter sich haben,

Mit meinen Aufzeichnungen und Notizen wollte ich ein Buch schreiben, doch meine Gedanken reichen nicht dafür aus. Denn mittlerweile hatte ich zwei Schlaganfälle *(durch den jahrelangen Alkohol- und Drogenkonsum hat mein Kopf gelitten)* und leide an epileptischen Anfällen, deswegen habe ich mich gemeldet.

Ja, ich war oder besser ich bin trockene Alkoholikerin und Drogenabhängige. Keinen hat je interessiert, warum ich zugedröhnt auf der Straße lag. Jeder sah nur diesen dreckigen Junkie. Abschaum, obdachlos, Alkoholikerin. Ein Nichts. Das Gefühl bekommt man nicht mehr los, wertlos zu sein.

Doch ich habe überlebt. Bin heute immer noch da und reiche anderen meine Hand. Denn ich hätte viel dafür gegeben, wenn nur ein einziger einen Menschen in mir gesehen hätte, mit einer Geschichte.

Ich habe überlebt *1978

Auf ein Wort zwischendurch

Wenn sie sich auch so aufreizend anzieht . . . Noch kürzer geht der Rock nicht. Der Ausschnitt ist viel zu tief. Guck mal, die ist voll betrunken. Hat es ja herausgefordert.

Die/der ist doch ein psychisches Wrack. Ha, depressiv – die/dem gehts doch gut, will nur nicht arbeiten. Simulant/in. Die/der will sich nur wichtigtun.

Boah, jetzt streiten die Nachbarn wieder. Geht das nicht leiser? Das Kind ist doch gestört und dumm. Schau mal, wie die/der rumläuft. Fetter gehts nicht. Schrecklich, wie dürr.

Geht mich nichts an. Mir egal. Selbst Schuld.

Lass diese Aussagen einmal auf dich wirken. Urteile nie zu vorschnell. Pass dich nicht an die Aussagen anderer an. Bilde dir deine eigene Meinung durch Überlegung und auch durch genaueres Hinsehen. Ignoriere nicht, sondern reagiere.

Jeder Mensch trägt Geschichten in sich. Jeder Mensch hat Gründe, warum er ist, wie er ist. Jeder Mensch hat eine Fassade. Was sich dahinter verbirgt, lernt man nur kennen, wenn man sich die Zeit nimmt, näher hinzusehen. Das Vogelstrauß-Syndrom ist am einfachsten, aber nicht alles, was einfach ist, ist auch richtig.

Entscheide für dich – nicht wie es die Gesellschaft uns vorlebt. Denn es kann jeden treffen – auch dich.

Topas

Du glaubst Menschen, die weinen, sind schwach und feige…? Ich sage dir mal was, schwach und feige ist: Menschen, die mit ihrem Verhalten andere so schlimm verletzen, dass sie weinen müssen.

(Netzfund, Quelle: unbekannt.)

EinBlick

Lange Zeit dachte ich, ich bin schwach.

Ich kämpfte Tag für Tag darum, nicht zu weinen. Ich zog meine ganze Kraft zusammen und verhinderte, dass Tränen aus meinen Augen rollten.

Meine Augen wurden trocken, doch meine Seele, mein Inneres, wurde überschwemmt, bis ich das Gefühl hatte, zu ertrinken.

Es nahm mir die Luft zum Atmen, löste Panikattacken und Angstzustände aus.

Ertrinken war für mich von da an keine Möglichkeit, mein Leben zu beenden. Es machte mir unheimliche Angst.

Und dann …holte mich meine größte Angst… ich ertrank.

Wenn ich heute meine Tränen sehe, die den Weg aus meinen Augen finden, fühle ich Freiheit. Ich liebe es und, ja, ich bin süchtig danach.

Menschen schauen mich verwirrt an und begreifen nicht, warum ich weine. Die ist so nah am Wasser gebaut. Schau mal, die heult schon wieder. Was für ein schwacher Mensch. Heulsuse etc. So viele Aussagen, die ich immer wieder hinter meinem Rücken höre. Doch sie wissen gar nichts. Ich lächle dann immer, doch es ist ein Lächeln, das meine tränenden Augen nicht erreicht. Es ist wie Hass auf diese ignoranten Menschen, die verurteilen, ohne zu wissen, warum es so ist. Die einfach den leichtesten Weg gehen.

Wer möchte wirklich wissen, was dahintersteckt? Dann lest weiter, denn ich erzähle euch, wie ich ertrank in einem Ozean voller ungeweinter Tränen.

Wenn ich zurückdenke, war ich einfach naiv und leichtgläubig. Doch ist das eine Schuld? Nein!

Wir waren eine feste Mädels-Clique. Verbrachten viel Zeit miteinander. Jeder ging irgendetwas arbeiten. Auch ich hatte einen festen guten Job, eine eigene kleine Wohnung in einem großen Mietshaus und liebte es, meine Freizeit mit Freunden zu verbringen, zu tanzen, zu lachen, zu leben. Die Woche hatte kaum begonnen, da wurden schon Verabredungen für das Wochenende getroffen. Party und Spaß, dafür gingen wir arbeiten. Ich war 20 Jahre alt, voller Energie und Freude. Meine Clique beherrschte mein Leben. Eigentlich waren wir alle irgendwie verschieden und doch verstanden wir uns, wenn wir auf Tour gingen. Waren wir echte Freunde? Heute sage ich Nein, doch damals dachte ich es. Wir waren alle aus dem gleichen Stadtbezirk, hatten uns irgendwann zusammengetan.

Nachdem wir schon über ein Jahr Wochenende für Wochenende zusammen weggingen und feierten, machten die ersten zwei einen Absprung. Sie hatten jemanden kennengelernt und nun war die Liebe wichtiger für sie geworden. Ehrlich gesagt war ich da schon etwas neidisch und machte mir so meine Gedanken, ob ich auch mal jemanden finden würde. Von sechs waren wir nur noch vier Personen und kurz drauf fiel wieder eine weg. Der Kontaktzerbrach zu den Gegangenen, so hatten sie nun andere Interessen. Auch unsere Themen änderten sich. So war nicht mehr das Hauptthema, Spaß zu haben und zu tanzen, sondern: Wie reiße ich einen Kerl auf und natürlich Sex. Tja, ich hatte so gar keine Erfahrungen damit und kaufte mir meinen ersten Liebesroman. So machte man das früher. Computer gab es ja noch nicht und Google. Man wollte ja mitreden können. Ja, die Bravo habe ich auch gelesen. Wer nicht in unserer Generation?

Das Ziel der Wochenenden war nun immer Männer aufzureißen. Ich ließ mich mitziehen, neue Klamotten, neue Friseur und Schminken war angesagt. Ich fing an, mehr Alkohol zu trinken. Schon bevor wir weggingen, kippten wir uns etwas. Mut antrinken hieß es. Lockerer werden. Ich hasste das gekünstelte Gekicher meiner Begleiterinnen und saß meistens alleine herum oder tanzte alleine auf der Fläche.

Dann kam das Wochenende, das alles veränderte. Ich wurde angesprochen. Es war harmlos, ein nettes Gespräch, ein Drink, ein Tanz, eine Verabredung für den nächsten Tag.

Ich war so happy und am nächsten Tag gingen wir auch zusammen in die Eisdiele und spazieren. Ich weiß noch, ich stolperte und schlug mir das Knie auf. Mir liefen die Tränen aus den Augen und er sagte: „Hey, wie alt bist du? Ist doch kein Grund zu weinen. Zeig mal Stärke." Mir war es peinlich und ich schluckte meine weiteren Tränen runter. Beschimpfte mich selbst als dusselig und als Heulsuse. Von nun an hatten wir viele Verabredungen und wir kamen uns immer näher. Ich lernte seine Freunde kennen. Sonderte mich von meinen ab, denn ich wollte bei ihm sein. Wusste ich viel über ihn? Nein, doch das stellte ich zu spät fest. Ich war im Happy-Modus. So hat sich doch endlich jemand für mich interessiert. Ich wandelte auf naiven Wolken. Das zuzugeben, ist sehr schwer, doch so war es.

Einmal rempelte mich jemand an und schlug mir dabei seinen Ellenbogen in die Rippen. Es tat verdammt weh und mir schossen die Tränen in die Augen. Seine Freunde lachten und sagten: „Boah, was hast du für eine Heulsuse? Kann die nix ab? Such dir mal eine Stärkere."

Es war so peinlich. Er schaute mich enttäuscht an. Am nächsten Tag hatten wir das besondere Gespräch. Ich müsse stärker werden und nicht immer gleich losheulen. Er brauche eine starke Frau neben sich, nicht eine, die bei jeder Kleinigkeit flennt. Ich flehte ihn an, mir noch eine Chance zu geben. Ich merkte nicht, wie er mich manipulierte. Meine Naivität ausnutzte.

Dann kam die Nacht, diese Nacht, die alles veränderte, was mich ausmachte. Wir wurden auf eine private Party eingeladen. Ich putzte mich heraus, wollte ihn stolz machen. Was mir erst viel später, zu spät auffiel, war, dass ich die einzige „normale" Frau war. Seine Kollegen nannte er sie.

Es wurde sehr viel getrunken und ich staunte nicht schlecht, als ich sah, dass im Nebenraum gekokst wurde. Kamen mir hier schon Zweifel? Nein, denn ich hatte schon ziemlich viel getrunken und wurde mit der Partystimmung mitgezogen. Neben mir waren noch drei weitere Frauen anwesend und sehr viele Männer. Die Frauen waren sehr direkt und freizügig. *Im Nachhinein wusste ich, dass sie wohl Prostituierte waren.* Zu spät merkte ich, dass etwas nicht stimmte. Ich war wie im Nebel gefangen, hörte mich von weit her lachen. Hörte seine Stimme, die seinem Freund das OK gab, mich anzufassen. Ich wehrte mich, doch dann hörte ich seine Stimme: „Hab doch etwas Spaß oder willst du wieder heulen?“

Irgendwann langten mich immer mehr Hände an. Ich versuchte, sie abzuwehren, sagte mehrmals Nein. Habe ich laut gesprochen? Das weiß ich nicht mehr, denn es war alles in einem Nebel.

Die nächste Erinnerung: Ich lag auf einem Bett. Zwei hielten meine Arme nach oben gestreckt. Mein Kleid war hochgeschoben, zwei andere spreizten meine Beine. Sie leckten mich und ich verspürte Ekel. Mir war schlecht und ich versuchte, mich zu wehren. Mir liefen die Tränen aus den Augen, ich bekam Panik und dazwischen hörte ich wieder diese Stimme. „Jetzt machen wir dich stark, Baby.“

Irgendetwas schmierte man mir zwischen die Beine und dann kam dieser höllische Schmerz. Als würde ich zerreißen. Ich war noch Jungfrau. Ich höre noch die lachenden Stimmen in meinem Unterbewusstsein. „Boah, reicht es nicht, dass sie heult wie eine Memme, jetzt blutet sie auch noch“, „lasst sie uns stark machen“.

Ich schrie. Doch schrie ich wirklich? Ich weiß es nicht. Ich war unter Drogen, die sie mir in mein Glas gemischt hatten. Sagte ich laut und deutlich Nein? Ich weiß es nicht. Ich versuchte, mich zu wehren, doch die Angst und der Schmerz lähmten mich. Meine Tränen liefen und mein Blick verschwamm, das weiß ich noch. Ich weiß auch noch, dass ich mich anstrengte, diejenigen zu erkennen, die mir das antaten, und mich zu erinnern, doch ich sehe sie nur als Schemen vor mir. Gesichtslos wie Scherenschnittbilder.

Ich höre noch seine Stimme, die sagt. „Es liegt an dir, wann wir aufhören. Erst wenn wir keine Tränen mehr sehen.“ Doch wie hört man auf zu weinen. Wie trocknet man seine Tränen, wenn man nicht an das Gesicht kommt? Ich hatte keine Macht darüber, die Drogen, der Alkohol und vor allem der Scherz …meine Angst, meine Panik, der Schmerz, immer wieder der Schmerz. Man zwickte mich, drückte meine Brust, ja man gab mir sogar Ohrfeigen und immer wieder wurde ich von Verschiedenen vergewaltigt. In mir brannten sich diese Worte fest: „Du bist schwach.“ Sie wurden zum Mantra.

Dann kam der Filmriss, bis heute.

Ich wachte in meinem Bett auf, nackt. Mir war kotzübel und ich übergab mich. Ich schleppte mich ins Bad unter die Dusche, schrubbte mich, rollte mich neben dem Bett zusammen und die Tränen flossen lautlos aus meinen Augen. Wie lange ich dort lag, weiß ich auch nicht mehr.

Hatte ich das alles geträumt? Nein, denn die Zeichen dafür befanden sich an meinem Körper und ich spürte den Schmerz. Überall hatte ich Hämatome, grün und blau, in den schillerndsten Farben. Ich langte mir ins Gesicht und erfühlte die Feuchtigkeit, die Tränen, und ich hasste sie, weil ich so schwach war. Ich wusch meine Augen, bis sie rot waren, und schluckte immer wieder, unterdrückte sämtliche Tränen, die noch fließen wollten.

Ich versuchte, ihn anzurufen, doch die Nummer war nicht vergeben. In diesen Augenblick fiel mir auf, dass ich weder einen Nachnamenkannte noch wusste, wo er wohnte. Ich hasste mich für meine Naivität, meine Blindheit. Ich stand mehrere Wochenenden vor der Disco, in der wir immer waren. Komisch, wir waren immer nur in ein und derselben. Auch etwas, was mir dann erst bewusstwurde. Er tauchte nie mehr auf. So, als hätte es ihn nie gegeben. Nur in meinen Träumen war er als Dämon vorhanden. Nicht mal ein Gesicht hatte er mehr.

Ich sonderte mich ab. Ging arbeiten und blieb danach zu Hause. Warum ging ich nicht zur Polizei? Ich schämte mich. Warum? Weil ich naiv war. Weil ich nicht mal wusste, wo und wer. Was hätte ich ihnen erzählen sollen? Ich bin vom Scherenschnittmonster vergewaltigt worden, weil ich schwach bin. Ich hatte genug damit zu kämpfen, stark zu sein und nicht bei jedem Gedanken und Geräusch loszuheulen.

Ich wurde eine Marionette. Die Wunden heilten, ich akzeptierte irgendwann meine Naivität, die mich in diese Situation brachte, der ich die Schuld daran gab. Ich wurde vorsichtiger, stellte alles und jeden infrage. Ging es mir schlecht und hatte ich Schmerzen, verließ keine Träne meine Augen. Wie ein Zombie wandelte ich durch mein Leben.

Wisst ihr eigentlich, dass man, wenn man nicht weint, auch nicht lachen kann?

Die Wendung kam mit dem Unfall. Ich stürzte vom Rad eine Böschung hinunter. Mein Beinknochen ragte aus mir heraus. Passanten, die mich fanden, kotzten bei dem Anblick. Ich hatte das Gefühl zu ertrinken, obwohl ich nicht im Wasser lag. Ich hyperventilierte, bekam Atemnot und mein Kopf hatte das Gefühl zu platzen. Ich fuchtelte wild mit meinen Armen herum.

Ich kam ins Krankenhaus. Erst schob man es auf den Schock, dass ich nicht weinte, keine Gefühle zeigte. Ich hörte, wie sie sagten: „Wow, ist die stark, kein Rumgejammer und Geheule.“ Das gab mir einen mächtigen Energieschub. Doch während der Genesung wurde eine Ärztin darauf aufmerksam und schickte einen Psychologen zu mir.

„Warum weinst du nicht?“

Ich sagte nur: „Ich bin stark.“ Immer und immer wieder.

Doch dann kam die Frage. „Warum lachst du nicht?“

Da war ich überfordert.

Ja, ich lachte auch nicht mehr, denn auch beim Lachen können schnell mal Tränen fließen und Tränen waren Schwäche für mich. Heute weiß ich, nach vielen Therapiestunden, in denen ich nie darüber gesprochen habe, was überhaupt der Auslöser war. *Man hat mich auch nie gefragt und ich habe es nie angesprochen.* Mir war es zu peinlich, über diesen naiven Teil meines Lebens zu sprechen. Ich hatte immer Angst, dass sie mich Verurteilen und über mich lachen.

Immer wieder bekam ich diese beklemmenden Gedanken, als würde ich ertrinken, und ein Therapeut sagte damals zu mir. „Du ertrinkst an deinen eigenen Tränen, wenn du deine Gefühle nicht loslässt und anfängst zu weinen."

Irgendwann kamen die Tränen und sie flossen. Tagelang. Das Komische war, ich lachte dabei. Gefühle rasten durch meinen Körper und ich lachte und weinte und schrie immer wieder: „Ich bin stark, weil ich mir erlaube zu weinen." Ein Mantra, das man mich lehrte.

Heute bin ich schlauer. Heute weiß ich auch, dass meine damalige Denkweise total falsch war. Heute weiß ich, dass ich von Anfang an missbraucht wurde. Ich wurde ausgenutzt und darauf vorbereitet, dass man mich als Beute bekam.

Es war nie meine Schuld und ich war nie schwach. Heute habe ich keine Kontrolle mehr über meine Tränen, denn sie sind frei und können fließen, wie sie wollen.

Heute frage ich mich, warum erst ein Unfall nötig war, um zu sehen, dass ich ohne Gefühle durchs Leben gewandert bin. Keinem fiel es auf. Doch hätte ich geweint, wäre es jedem aufgefallen. Worauf doch Menschen ihren Fokus legen.

Wenn ich heute meine Tränen sehe, die den Weg aus meinen Augen finden, fühle ich Freiheit. Ich liebe es und, ja, ich bin süchtig danach.

Die Narben meiner Naivität schmerzen immer noch, doch ich trage keine Schuld – das weiß ich heute.

Zu weinen ist nicht schwach – seine Tränen laufen zu lassen, ist, echt zu sein.

Ich habe überlebt *1968

Auf ein Wort zwischendurch

Alkohol und Drogensucht sind eine Krankheit. Alleine kommt man hier selten wieder heraus, denn der Körper verlangt immer mehr. Auch einfach den Betroffenen Alkohol oder Drogen zu entziehen, kann lebensgefährlich sein, denn es kann zu einer körperlichen Entzugsreaktion kommen mit kaum vorstellbaren Schmerzen. Es geht sehr stark auf die Psyche und kann das Wesen eines Menschen sehr verändern. Alkohol- und Drogensucht entstehen größtenteils nicht aus Spaß an dem Konsum, sondern haben oft schwerwiegende Auslöser.

Opiate sind starke Schmerzmittel, die oft als Pillen genommen oder auch zerbröselt durch die Nase gezogen werden (z. B. sind Diazepam, Flunitrzepan, Rivotril, Lyricadie gängigsten). Wirkung: stillt Schmerzen und versetzt den Konsumierenden in eine euphorische Stimmung. Das Selbstvertrauen nimmt zu, Ängstlichkeit und Anspannung verfliegen. **Nebenwirkungen: Abflachung des Atems (Atemdepression), Verstopfung, Übelkeit sowie Abhängigkeit/Sucht**

Kokain ist ein Naturprodukt, nämlich ein Extrakt aus den Blättern von Kokapflanzen, was durch die Nase gezogen wird und über die Nasenschleimhäute in die Blutbahn gelangt. Wirkung: gesteigerte Vitalität, Geschwätzigkeit, euphorisch, erhöhte Libido, Schlaflosigkeit... **Kokain führt dem Körper keine Energie zu, sondern zwingt den Körper, seine Reserven auszubeuten. Dadurch steigt das Risiko von Herzerkrankungen/Herzinfarkt sehr stark an. Krampfanfälle sowie Bewusstseinsstörungen treten oft auf.**

Heroin ist ein unbereinigtes Diamorphin-Präparat. Dieses halbsynthetische Produkt entsteht durch Acetylierung von Morphin, das als Naturprodukt in Opium enthalten ist. Heroin wird entweder pur oder mit Zitronensäure in etwas Wasser erhitzt und dann gespritzt. Wirkung: schmerzlindernd, euphorisierend, betäubend, beruhigend. **Heroin schwemmt die Haut auf und oft treten Hautausschläge und Abszesse auf.**

Cannabis ist eine Hanfpflanze –hier gibt es einen Unterschied. Als Marihuana oder Gras bezeichnet man die getrockneten Blüten der weiblichen Hanfpflanze. Als Haschisch bezeichnet man das gesammelte und meist gepresste „Harz" der Hanfpflanze.

Canabisprodukte werden in Joints und auch in Shishas (Wasserpfeifen)oder Bongs (sind gläserne Röhrengebilde zum Erhitzen) geraucht. Wirkung: Entspannung und Ausgeglichenheit, intensiveres Wahrnehmen von Farben, ausgeprägtes Hochgefühl. **Aber auch verminderte Konzentration, depressive Verstimmung, Herzrasen, Schwindel und Orientierungsstörungen sowie Schädigung der Lunge ...**

Diese Informationen dienen nur des tieferen Einblicks zum besseren Verstehen.

Opal

„Wenn dich die Erkenntnis trifft, bist du schon den ersten Schritt gegangen.“
(Unbekannt)

EinBlick

Im Hamsterrad gefangen. Immer wieder die gleichen Gedanken. Was mache ich überhaupt? Warum mache ich es? Warum habe ich es zugelassen? Warum musste es soweit kommen? Was hat dies aus mir gemacht? Kann ich noch in den Spiegel sehen? Kann ich damit leben?

Das Erschreckende am Hamsterrad ist, dass man es nie loswird. Es wird zu einem festen Bestandteil deines Lebens. Du kannst es verbergen, kurzzeitig vergessen, aber es ist da. Du kannst nur versuchen, damit umzugehen. Nicht immer gleich rein zu springen und vor allem die Hand ergreifen, die dir den Weg nach draußen zeigt, wenn auch nur für einige Zeit.

Ich bin im Hamsterrad gefangen und meine Geschichte wird von hinten erzählt. Denn ich blicke zurück und laufe rückwärts. Ich werde stolpern, doch ich weiß, dass da eine Hand ist, die mich festhält.

Denn das, was ich heute bin, ist das, was ich dir zeigen möchte. Denn ich möchte zeigen, warum ich so bin, wie ich bin, und dazu muss ich dich in mein jetziges Leben mitnehmen und dann langsam zurückgehen.

Heute ist ein guter Tag. Ich stehe wie jeden Morgen auf und mache mich auf den Weg zur Arbeit. Meine Kinder sind aus dem Haus, erwachsen und haben ihr eigenes Leben. Ich gehe gerne arbeiten. Lache mit meinen Arbeitskollegen und sie mögen mich.

Der Tag verläuft wie viele Tage. Die Arbeit im Einzelhandel ist von Stress durchzogen, doch ich mag diesen Stress, denn er lässt mich an nichts anderes denken. Ich muss mich konzentrieren und meine ganze Energie hineinlegen. Wenn ich Feierabend mache, rede ich sehr gerne noch mit dem einen oder anderen. Mir ist es wichtig, dass sie mich nett in Erinnerung behalten. Ich bin eine Frohnatur. So bezeichnen sie mich, als Frohnatur. Ich habe viele Freunde oder sagen wir mal Bekannte. Ständig piept mein Telefon, wenn wieder eine Nachricht eingeht. Es sind überwiegend Internetfreundschaften, doch sie sind nett und mit ihnen habe ich tolle Unterhaltungen.

Der Arbeitstag ist geschafft und jetzt geht es noch voller Energie nach Hause. Ich betrete meine Wohnung und fühle, wie mich mein Kokon mit seiner Wärme einschließt. Ich nenne meine Wohnung einen Kokon, denn wie bei einem Schmetterlingskokon bin ich im Inneren die unscheinbare hässliche Raupe und, sobald ich hinausschlüpfe, ein schöner Schmetterling. Doofer Vergleich, doch nur so kann ich mich beschreiben.

Bevor ich morgens zur Tür hinausgehe, mache ich mich zurecht. Ich setze sozusagen meine Maske auf und ziehe mein Kostüm an. Ich habe gelernt, mir das beste Outfit zuzulegen, um mich zu wandeln. Sogar mein Lächeln habe ich mir angeeignet. Auch mit meinen Bekannten im Net lebe ich meine Maske. Nein, so stimmt es eigentlich nicht. Denn dort kann ich sein, wie ich bin. Nein, da verstelle ich mich nicht.

Ok, zurück. Kaum zu Hause, trinke ich erst einmal einen Kaffee und dann setze ich mich hin, komme runter und dann frage ich mich, wer ich überhaupt bin. Ich laufe zum Schrank und ziehe die Schokolade hervor, esse, bis mir schlecht wird. Ich ärgere mich darüber, wenn ich so eine Fressattacke habe,

Plötzlich ist die Fröhlichkeit weg und das Hamsterrad erscheint. Ich springe auf, wie magisch angezogen, komme nicht dagegen an. Bin machtlos und laufe. Das Rad dreht sich und die Warum-Fragen fliegen auf mich zu. Warum? Warum? Warum ich?

Bin ich glücklich? Ja – irgendwie schon. Doch dieses Hamsterrad macht mich verrückt. Ich weiß, dass ich Probleme habe. Man nennt es Depression. Eine Krankheit, die man nicht sieht. Deswegen kann ich sie verstecken. Doch warum bin ich, wie ich bin? Wie habe ich es geschafft, meine Kinder aufzuziehen? Dann kommt dieses irrsinnige Lachen. Ich lache, bis mir die Tränen kommen, bis es in ein Schluchzen übergeht. Doch die Tränen versiegen und zurück bleibe ich, laufend im Hamsterrad. Mein Gewissen frisst mich auf. Was habe ich getan? Ich lege mich ins Bett, abgerackert und kaputt von meinem Schub im Hamsterrad. Doch kaum liege ich, kommen die Gedanken und nun nehme ich dich mit zurück in meine immer wiederkehrenden Erinnerungen.

Haushalt, zwei Kinder, Nebenjob und ein Mann, der nur meckern konnte, so sah mein Leben aus. Doch ich meisterte es und, ja, ich war auch etwas stolz auf mich. Dann passierte es, er traf eine andere. Er meinte zu mir, ich wäre verbraucht und nur noch die Kinder wären mir wichtig. Er ging und ich blieb zurück. Zwei kleine Kinder, Wohnung mit Kosten ohne Ende, ein Kredit, den ich dummerweise auf meinen Namen laufen hatte. Bürokratie – der blanke Horror. Wenn ich versuchte, Anträge auf Zuschüsse jeglicher Art zu bekommen, hieß es: „Wohnung ist zu groß, wer versorgt Ihre Kinder, wenn Sie arbeiten gehen. Beschreiben Sie ausführlich Ihre Situation, warum ist Ihr Mann gegangen?“ …bla, bla, bla.

Ich bekam fürchterliche Angst, dass ich meine Kinder verlor. Die Wohnung war zu groß – ich bekam fast einen hysterischen Anfall, wir waren drei Personen, so groß war die Wohnung nicht. Es hing an 5 qm zu viel, dass ich keinen Zuschuss bekam. Umziehen, sagten sie mir, jedoch konnten sie mir keine Wohnung besorgen. „Gibt im Augenblick nichts“, sagten sie. Glaubt mir, ich hatte keine Kraft für diese ganze Bürokratie, sie wuchs mir über den Kopf, doch es mussten Rechnungen bezahlt werden und Mahnungen flatterten ins Haus. Ich versuchte, so gut wie möglich alles hinzubekommen, bis die Aufforderung meines Vermieters kam. Zahlen oder es gibt eine Räumungsklage. Ich weiß noch, ich saß mit dem Brief in der Hand im Flur auf den Boden und hatte fürchterliche Angst. Angst um meine Kinder. Angst, demnächst auf der Straße zu leben. Jetzt fragst du dich sicher, wo meine Freunde waren. Ich muss doch Freunde gehabt haben. Das war die nächste große Erkenntnis – ich hatte niemanden, der mir helfen konnte. Familie hatte ich nicht oder keine Verbindung und Freunde. Seid mal ehrlich, mit einem einnehmenden Mann und zwei Kindern, wie sollte ich da noch Zeit für Freunde haben? Tja, es sah hoffnungslos aus.

Zu dieser Zeit sprang ich das erste Mal ins Hamsterrad. Brach zusammen, ging zum Arzt und in der Praxis las ich eine Annonce in einer Zeitschrift. Sie ging mir nicht aus dem Sinn. Doch es war ein Ausweg. Drei Tage später besorgte ich mir einen Babysitter. Gut, dass so etwas über die Vorschule vermittelt wurde. Noch nie hatte ich es in Anspruch genommen, doch ich musste es nun tun.

Ich rief die Telefonnummer an und machte ein Treffen aus. Ich traf sie in einer Disco. Sie sahen mich von oben bis unten an. Doch ich hielt dem Blick stand. Ich brauchte schnelles Geld, um die Miete zu bezahlen. Es ging verdammt schnell und nicht mal eine Stunde später befand ich mich in einen Raum und blies einem mir fremden Kerl seinen Schwanz, vor laufender Kamera. Ich hatte eine Maske aufgesetzt bekommen, das war mein Schutz und mir war es auch egal, ich kannte sowieso niemanden, der so etwas schaute. Mit meinen ersten 200 DM ging ich nach Hause, mit gleich wieder einem neuen Termin in der Tasche.

Zu Hause wartete das Hamsterrad und ich brach zusammen, machte mir Vorwürfe, dass ich so tief gesunken war. Doch ich brauchte das Geld und wollte meinen Kindern etwas ermöglichen. So sprang ich wieder über meinen Schatten und von da an ging es immer weiter.

Dann kam die Nacht, in der man mir sagte, ich soll an SM-Spielen teilnehmen. „Nein“, sagte ich, „das mache ich nicht mal für Geld.“

Doch dann zeigten sie mir Bilder. Es waren Mitschnitte vom Live, mit der Aussage. „Na, sollen wir die ans Jugendamt schicken? Mal sehen, wo deine Kinder dann landen?“

Ich war in die Falle getappt. Irgendwann hatte ich erzählt, dass ich Kinder hatte. Ja, schnelles Geld, doch es wurde mir zum Verhängnis. Sie erpressten mich und, ja, ich habe es getan. Ich habe mich schlagen lassen, von mehreren Männern gleichzeitig vögeln lassen. Nein – ich hatte keinen Spaß. Ich war starr vor Angst. Nie wusste ich, was als Nächstes kam. Ging ich dort raus, war ich liebevolle Mutter und, ja, durch das Geld konnte ich die Miete zahlen und meinen Kindern Essen kaufen und sogar etwas Schönes unternehmen. Sie hatten Klamotten für die Schule und ich liebte sie über alles.

Es gab kein Zurück, kein Rauskommen. Denn hätte ich etwas gesagt oder mich gewehrt, wären meine Kinder weg gewesen. Ich ließ mich benutzen wie eine Schlampe. Ich wurde geschlagen, vollgepisst und in alle Löcher gleichzeitig gefickt – doch ich war liebevolle Mutter. Mein Gewissen und meine Seele waren etwas anderes. Sie waren tot, ein einziges Chaos. Ich versuchte, nicht zu denken. Vermied es, darüber nachzudenken. Nur meine Kinder waren wichtig. Bis mein Kleiner 18 Jahre alt wurde. Meine Große war schon aus dem Haus und hatte eine Lehre in einem großen Hotel in den Bergen angefangen. An diesem Tag ging ich hin und sagte: „Tschüss. Macht, was ihr wollt. Veröffentlicht es oder nicht. Mir egal.“

Ich hatte keine Gefühle mehr. Sie sahen hinter mir her. Ich hörte nie mehr etwas von ihnen.

Weißt du, was das Schlimmste war? Das Warten, dass etwas passiert. Etwas auf mich zukommt. Ich hatte mittlerweile meinen Job im Einzelhandel. Immer wieder schaute ich mich um. Hörte ich eine laute Stimme, bildete ich mir ein, dass es jetzt so weit ist, dass man mich als Schlampe, Hure und Schlimmeres beschimpfte. Doch nichts geschah. Ich lebe bis heute mit dieser Angst in mir. Mein Hamsterrad dreht sich immer weiter. Während sie mich missbraucht hatten, hatte ich meine Gedanken abschalten können, denn meine Sorge um meine Kinder war größer. Doch heute sind meine Kinder aus dem Haus und wie ein Tsunami rollten sie auf mich ein. Nach außen lebe ich, bin fröhlich, lache und freue mich, wenn mich meine Kinder besuchen. Doch innerlich mache ich mir schlimme Vorwürfe, renne im Hamsterrad, immer und immer wieder.

Für mich war es lange Zeit Naivität und oft genug sagte ich mir, ich war selbst schuld. Doch heute weiß ich, dass es Missbrauch war, denn sie hatten mich erpresst. Ich wollte das nicht und, ja, ich habe öfters Nein gesagt, doch durch die Angst, meine Kinder zu verlieren, ließ ich am Ende alles zu. War es somit eine Zusage, mein Einverständnis, für etwas, was ich eigentlich gar nicht wollte?

Habe ich es je jemandem erzählt? – Nein, es ist jetzt das erste Mal, dass ich darüber gesprochen habe. Ich bin unscheinbar, möchte es auch bleiben. Doch die Angst, erkannt zu werden, ist selbst heute noch zu groß. Obwohl sicher diese Filme total veraltet sind, wenn sie je an die Öffentlichkeit gelangen würden. *Da gab es nur diese riesigen Kameras mit Spulen, heute kennt die keiner mehr.* Ich weiß es nicht.

All das ist verjährt. Ich könnte nicht mal im Nachhinein Anzeige erstatten, denn ich kenne keine Namen.

Weißt du, was mich aufrecht hält? Meine Kinder, denn sie sagen mir immer wieder, wie stolz sie auf mich sind, dass ich ihnen eine schöne Kindheit und eine gute Ausbildung ermöglicht habe. Für sie schweige ich weiter und laufe in meinem Hamsterrad mit. Dann gehe ich hinaus und lache und bin fröhlich.

Ich habe überlebt *1962

Mondstein

„Solange der Geist versklavt ist, kann der Körper nie frei sein.“

Martin Luther King

EinBlick

Möchte ich mich erinnern?

Wird es mir guttun oder alles wieder hervorholen? Die Qual, die Scham, die Angst, die Verzweiflung. Ich bin gespalten, denn ich möchte es. Doch etwas hemmt mich. Ich bin wie erstarrt.

Was soll ich bloß tun? Es ist anonym und trotzdem weiß ich, dass ich es bin. Mir gegenüber ist es nicht anonym, denn ich weiß, dass es um mich geht.

Was soll ich bloß tun? Ich weiß, dass nur ich es entscheiden kann. Es liegt allein an mir. Doch sind da noch andere, die es getan haben, und ich möchte gerne genauso stark sein.

Gedanken des Mondsteins und auch nach mehrmaligen Ansätzen kamen wir nur teilweise über die Blockade hinweg. Es waren immer nur einzelne Bruchstücke. Ich habe sie etwas zusammengesetzt, denn sie soll auch eine Stimme bekommen, gesehen werden als das, was sie ist.

Was sind Erinnerungen? Unser Kopf ist voll damit. Wir leben förmlich in Erinnerungen und täglich kommen neue hinzu. Etwas passiert und schon im nächsten Augenblick ist nur noch die Erinnerung daran vorhanden. Sich an gute Erinnerungen zu erinnern, macht Freude und schafft auch Mut und Zuversicht. Doch an schlechte Dinge zurückzudenken, beinhaltet Schmerz und oftmals Angst. Dabei sollte es doch Kraft geben, denn ich stehe heute noch hier und kann mich erinnern, also habe ich es überlebt. Wie oft sagen und hören wir: Du musst das Vergangene ruhen lassen. Muss ich das wirklich? Es hat mich zu dem gemacht, was ich heute bin. Jeder Augenblick, den ich erlebt habe, hat mich reifen und wachsen lassen. Egal, ob Gutes oder Schlechtes. Es gehört zu mir.

In uns ist eine riesengroße Schubladenkommode. In jeder einzelnen Schublade sind Erinnerungen. Viele sind farbig unterstrichen und strahlen uns entgegen. Wir freuen uns, wenn wir sie öffnen dürfen. Doch andere sind verwittert und dunkel, haben ein Schloss davor und bei manchen ist sogar der Schlüssel verloren gegangen. Doch jede Einzelne beinhaltet unser Leben und ist ein Teil davon.

Es waren sehr tiefgründige Gespräche, die wir hatten. Doch immer wieder wurde ich darauf hingewiesen, dass es kein Zwang ist, kein Muss. Die Geduld war unerschöpflich. Mit viel Feingefühl entlockte sie mir die eine und andere Erinnerung.

Ich war zehn Jahre alt. Ein Kind in den 70ern. Ich mochte meinen Stiefvater nicht. Na ja, es war eigentlich nur der Freund meiner Mutter, doch ich sollte Papa zu ihm sagen.

Mein richtiger Vater war gestorben, als ich noch klein war. Ich erinnere mich nicht an ihn. Es gibt Fotos, doch der Mann darauf ist mir unbekannt. Dann gibt es das Foto mit meinem Stiefvater. Ich hasse es. Warum ich das aufhebe? Ich weiß es nicht.

Als ich zehn wurde, kam er nachts in mein Zimmer. Mama kellnerte am Abend bis spät in die Nacht. Ich möchte mich nicht erinnern. Ich höre mich jedoch heute noch schreien in meinem Kopf und ich spüre den Schmerz, doch vor allem höre ich die Worte: „Wenn du was sagst, bringe ich deine Mutter um."

Es begann ein Albtraum, aus dem ich bis heute nicht erwacht bin. Meine schulischen Leistungen wurden katastrophal, ich machte manchmal ins Bett, ich zog mich zurück in mich. Mama ging mit mir zum Arzt. Doch der fand nichts heraus, sagte, ich wäre in der Pubertät und das wäre normal. Ich frage mich noch heute, warum nicht mal die Nachbarn reagierten, denn unsere Wände waren dünn und ich schrie jedes Mal. Denke ich zumindest. Es ist alles wie in einem Nebel. Jedoch habe ich immer noch die kleine Narbe, wo er mich einmal verletzt hat, mit seinem Ring am Oberschenkel.

Mit 14 Jahren rannte ich weg. Meiner Mutter hinterließ ich einen Brief – darin standen nur wenige Worte: „Ich hab dich unendlich lieb." Ich hoffte, dass man mich suchen würde und meine Pein damit beendet wird. Doch nichts passierte. Es wunderte mich, doch ich schlug mich auf der Straße durch, bei Hippies fand ich Unterschlupf.

Mit 16 Jahren war ich voll in der Szene drin, kiffte und trank Alkohol, hatte Wut auf meine Mutter, dass sie mich nicht suchte. Eines Tages war die Wut so groß, dass ich nach Hause ging und zugedröhnt klingelte. Ich nahm gar nicht wahr, wer mir öffnete, sondern schrie direkt los. Schrie alles heraus und brach auf der Treppe zusammen. Eine mir fremde Frau half mir ins Haus. Ich war so fertig, dass ich nur noch einschlief. Am nächsten Morgen wachte ich auf und die fremde Frau saß mir gegenüber. Ich verstand es nicht, was sie in der Wohnung meiner Mutter machte. Sie rief die Polizei und dann erfuhr ich, dass meine Mutter und mein Stiefvater am Tag, nachdem ich weggelaufen war, tödlich mit dem Auto verunglückt waren.

Bis heute frage ich mich immer noch, ob Mama den Brief gelesen hat. Ich werde es wohl nie erfahren. Ich kam in die Obhut des Staates. Die Kinderheime waren zu dieser Zeit die Hölle auf Erden. So würde ich sie heute bezeichnen oder aber ich hatte einfach Pech. Man war regelrecht eingesperrt. Mädchenpensionat nannte man es. Kirchlich, also könnt ihr euch vorstellen, wie es war. Mit 18 Jahren ging ich. Na ja, ich haute ab, ich war volljährig, so konnten sie mich nicht halten. Ich nahm jeden Job an, den ich bekam. Eine kleine „Abstellkammer" fand ich auch. So nannte ich mein erstes eigenes Domizil. Es war nur ein winziger Raum. Ein Klo auf dem Flur. Ein Bett und ein Waschbecken. Wenn ich heute daran zurückdenke, lache ich. Denn es war wirklich winzig und nicht größer als meine heutige Abstellkammer. Dann fand ich einen Job in einem Hotel, erst Hausmädchen, dann Kellnerin, und verdiente auch gutes Geld. Mit 23 Jahren bezog ich meine erste kleine Wohnung und war megastolz auf mich. Mit 26 Jahren zerbrach alles und ich wurde zurückgeworfen.

Ich sprang als Hausmädchen ein, weil einige erkrankt waren. Als ich mit meinen Reinigungswagen das Zimmer betrat, wusste ich nicht, was mich erwarten würde. Als ich anklopfte, war es leer, also es meldete sich keiner. Ich war gerade dabei, das Bett zu machen, als ich von hinten auf das Bett gedrückt wurde. Es waren zwei und eine Hand, die ekelig roch, lag auf meinen Mund. Ich weiß, dass ich innerlich schrie. Doch es war die Stimme der 10jährigen und ich sah das Gesicht meines Stiefvaters. Ich erstarrte und ließ alles über mich ergehen.

Man fand mich im Bett liegend, schlafend. Beschuldigte mich, dass ich im Hotelzimmer schlafen würde, anstatt meine Arbeit zu machen. Ich sagte nichts. Ich ging einfach. Heute weiß ich, dass ich unter Schock stand, und das noch sehr lange. Mein Unterbewusstsein will sich bis heute nicht erinnern, obwohl ich ganz genau weiß, dass ich mir das Sperma in meiner Wohnung von den Beinen wusch.

Hotelarbeit kam nie mehr infrage. Ich wechselte die Stadt und ich fing in einem Seniorenheim an, in dem ich viele Jahre blieb.

Heute bin ich 66 Jahre alt. Was würde es mir bringen, mich zu erinnern. Doch eine Frage beschäftigt mich jeden Tag aufs Neue. Wo und wer wäre ich heute, wenn ich das nicht alles erlebt hätte? Wäre ich verheiratet? Hätte ich vielleicht Kinder? Hätte ich mich verliebt? Ich will nicht klagen, denn ich habe eine schöne Wohnung, Freunde und lebe eben. Was ich immer noch habe, ist die kleine Kiste. Darin sind die mittlerweile vergilbten Fotos meiner Eltern, das eine von meinem Stiefvater und ein Schlüsselanhänger vom Hotel. Warum habe ich damals geschwiegen? Wahrscheinlich, weil ich es selbst nicht glauben konnte, dass es mir zum zweiten Mal passierte. War ich selbst daran schuld? Heute weiß ich, dass ich es nicht war.

Heute denke ich oft, ich war unsichtbar. Keiner sah mein Leid und meine Angst. So, als wäre ich einfach durchsichtig gewesen. Man entschuldigt das immer damit, dass es andere Zeiten waren. Ja, auch ich habe es immer gerne gesagt. Wenn mir das heute passiert wäre, hätte ich bestimmt anders reagiert. Doch Nein, ich glaube nicht, denn ich wäre genauso geschockt gewesen, aber vielleicht hätte ich Glück gehabt und irgendjemand hätte hingesehen und reagiert.

Schaut zweimal hin und tiefer hinein und, vor allem, reagiert.

Ich habe überlebt *1958

Auf ein letztes Wort

Sie lachen, sie machen sich hübsch und leben sehr intensiv. Oft werden sie verurteilt, weil sie berufstätig krankgeschrieben sind und vor allem nicht so aussehen und sich so betragen, wie ein kranker Mensch sein sollte. Sie haben keine sichtbare Erkrankung wie z. B. einen Gips. Doch wie muss ein Mensch mit so schweren Erlebnissen aussehen und wie soll er leben? Soll er den ganzen Tag heulen, vergammeln und sich in seinem erlebten Leid suhlen? Soll er sich abschotten oder es in die Welt schreien, in die Welt, die schneller verurteilt, als dass sie Mitgefühl und Verständnis empfindet?

Eine vernarbte Seele zeigt sich sehr selten nach außen, sie leidet im Kern. Denn dies ist ihr eigener Schutz, um nicht noch mehr verletzt zu werden und Schmerz zu verarbeiten oder besser gesagt zu vergessen. Doch dieser Schein ist eben nur ein Schein.

Im Inneren brodelt ein Vulkan und ihre Seele brennt im heißen Magma. Es gibt Momente, wo er eben ausbricht, und dann stecken sie in ihren Erinnerungen an das Erlebte fest. Hier gibt es auch keine Verjährungsfrist. Es kann jahrelang gut gehen und dann kommt wieder ein Ausbruch. Hier stecken auch sehr viele Hemmungen drin. Schuldgefühle, Unverständnis, warum gerade ich, Scham, Angst, Hilflosigkeit. Oftmals kommt es auch erst Jahre nach dem Erlebtem, dass der Schmerz sich nach außen drückt. Es gibt hier keine festgelegten Zeiten oder Tabletten und Therapien, die diesen Menschen ganz gesund werden lassen.

Heute sind sie fröhlich und morgen verstecken sie sich vor der Außenwelt. Heute lachen sie mit dir und es geht ihnen gut und morgen brechen sie zusammen und Körper sowie Geist erkranken. Sehr oft sind diese Menschen in schweren Depressionen gefangen. Viele merken es auch nicht bis zum Ausbruch. Oft haben sie verschiedene Kicks, die für Außenstehende als verrückt angesehen werden.

Sie leben in einem Augenblick knallhart, lustig, ehrlich, intensiv und im nächsten schwach und zurückgezogen. Oft werden sie als Simulanten, bipolar gestört und Schizophrene bezeichnet. Oft sagt man, sie haben keine Lust zu arbeiten und feiern krank.

Sie tragen jedoch tiefe Narben und einen Schmerz, der nie ganz vergeht. Also geh achtsam damit um, wie du verurteilst und was für Aussagen du tätigst. Es könnte sich einer dieser Menschen dahinter verbergen, der genau diese Narben in seinem Inneren trägt, die tiefer sind, als das du sie je erleben möchtest. Überdenke dein Urteil, bevor du es aussprichst.

Die Dunkelziffer ist so erschreckend hoch. Diese Menschen leben unter uns im Verborgenen und so lange sie sich dir selbst nicht zeigen, wirst du nie erfahren, wer sie sind.

„Es tut weh“, sagt das Herz.
„Es wird vergehen“, sagt die Zeit.
„Aber ich komme wieder“, sagt die Erinnerung.

(Quelle unbekannt)

Nachwort

So viele Geschichten, so viel Leid und doch sehe ich vor mir Menschen, die eine enorme Stärke in sich haben. Ich bin keine Psychologin oder Therapeutin. Ich bin einfach ein Mensch, der sich die Zeit genommen hat, zuzuhören. Oftmals waren sehr lange und mehrmalige Gespräche nötig. Man ruft nicht an und erzählt einfach seine Geschichte. Man versucht erst, den Menschen etwas kennenzulernen und Vertrauen aufzubauen. Die Erinnerungen kommen durcheinander und machen große Sprünge. Hier musste ich an der richtigen Stelle nachfragen, sehr oft im Nachhinein. *(Einmal wurde ich gefragt, ob das nicht nur Märchengeschichten sind, was mir erzählt wird. Aber als selbst Betroffene habe ich ein Gespür dafür und ich kann mit guten Gewissen sagen, alle in diesem Buch sind echt.)*

Wie tief darf man fragen? Das erfordert großes Fingerspitzengefühl. Wo fängt die Anonymität an, wo hört sie auf? Für mich war es wichtig, es so anonym wie möglich zu halten. Namen waren nicht wichtig. Ein Name zum Ansprechen, mehr nicht. Die fertige Geschichte wurde noch einmal zusammen gelesen. Mir war hier die Stimmigkeit wichtig. Für mich gelten die Verschwiegenheit und das Vertrauen, das sie mir entgegenbrachten, und ich würde es nie verletzen. Dieses Vertrauen ist ein großes Geschenk, das sie mir gemacht haben.

Oft saß ich mit dem Telefonhörer in der Hand da und weinte lautlose Tränen. In erster Linie hörte ich zu. Dann kamen kurze Notizen und sehr oft schrieb ich die Geschichte direkt im Anschluss, als alles noch frisch in meinem Kopf war. Viele Male verschwammen mir die Buchstaben, weil ich Tränen in den Augen hatte.

Ich umarmte jeden mental, sah den starken Menschen und fragte mich immer und immer wieder, woher er die Kraft genommen hat, heute noch hier zu sein. Doch ich selbst kenne es und deshalb war es mir auch so wichtig, dieses Projekt umzusetzen. Oftmals dachte ich, da sehen meine Erlebnisse wie ein Zuckerschlecken aus.

Weißt du, solche Sätze hörte ich auch sehr oft: „Es gibt bestimmt Schlimmeres, als du erlebt hast…“ oder „du hattest ja noch Glück, du lebst noch…“ und viele mehr. Ich sage hier eindeutig NEIN.

Denn egal, was jeder Einzelne erlebt hat, es ist schlimm und hier gibt es kein weniger oder mehr schlimm. Für den betroffenen Menschen ist und war es schlimm, genau in diesem Augenblick, als es ihm widerfuhr, und hier gibt es keine Abschwächung.

Jetzt schmökere noch durch die letzten Seiten und dann klappe das Buch zu. Leg es weg. Lass es verstauben in einem dunklen Regal, vergiss es…oder leg es dir dorthin, wo du es immer siehst. Wie eine Erinnerung an dich. Hier war was! Hier muss ich hinschauen! Hier muss ich reagieren!

Rede mit anderen darüber, über deine Gedanken, Gefühle und Eindrücke. Empfiehl das Buch weiter und gib diesen Menschen, deren Geschichte du gelesen hast, die Möglichkeit, gesehen zu werden.

Wir können damit nicht die Welt retten. Aber wenn wir unsere Wahrnehmung darauf einstellen und vor allem die Tiefe sehen und kennen, kann jeder für sich für den einen oder anderen die Rettung sein.

Deine Entscheidung – womit kannst du leben…

Klappe noch nicht das Buch zu, denn am Ende findest du noch wichtige Informationen, hilfreiche Fakten, Rufnummern und Literaturempfehlungen.

Worte, die mir zu Herzen gehen

„Danke, dass du mir die Möglichkeit gegeben hast, meine Geschichte zu erzählen."

„Ich hätte nie gedacht, dass ich es jemals laut ausspreche."

„Ich bin alt und es ist schon lange her und doch spüre ich nun Erleichterung."

„Dass du meine Geschichte in Worte gefasst hast, bedeutet mir sehr viel. Danke."

„Als ich hörte, dass dieses Buch geplant ist, dachte ich mir, rede endlich darüber, erzähle deine Geschichte. Die Anonymität setzt Vertrauen voraus, jedoch dieses hat die Autorin voll und ganz, durch ihr Wesen und ihre Art, von mir erhalten. Danke dafür."

„Ja, ich hatte Angst um meine Anonymität, meine Geschichte zu erzählen, und doch bin ich diesen Schritt gegangen. Ich bereue ihn nicht – es war richtig, sich meiner Angst zu stellen."

„Wenn meine Geschichte dazu beiträgt, dass nur ein Mensch die Augen offener hält, was um ihn herum passiert, war es das schon Wert, mein Schweigen zu brechen."

„Einfach nur danke."

Danksagung

Ich danke all diesen **kraftvollen Menschen**, die ihre Geschichte vertrauensvoll in meine Hände legten und einen tiefen Einblick in ihren erlebten Missbrauch gegeben haben. Es waren bewegende und tiefgründige Gespräche, die wir zusammen gemeistert haben. Ein Danke geht an **Jette Jansen**, Autorin sozialkritischer Literatur. Du hast mich während des Projekts unterstützt und immer wieder bekräftigt, mit deiner ehrlichen ungeschliffenen Art. Dass du trotz eigener schlimmer Erlebnisse und deines eigenen Buchprojekts „Sündenmädchen“ die Zeit gefunden hast, hineinzulesen, hat mir sehr viel geholfen. Ich habe in dir einen sehr wertvollen Menschen kennengelernt und ich freue mich auf baldige gemeinsame Projekte. Ich danke dir, **Dietmar Herberth**, für die Umschlaggestaltung und diesen tollen Trailer. Etwas zu verpacken, das eigentlich keine Verpackung haben sollte, weil es gesehen werden muss, ist nicht leicht gewesen. Doch du hast es super umgesetzt. Dir, **Heike Stazlick**, ein großes Danke, dass du mir deine tollen Steinfotografien für diese Menschen zur Verfügung gestellt hast. Ein besonderer Dank geht an **Chris Abbenhaus**. Du unterstützt die Betroffenen, indem du ihre Geschichten mit auf den Weg schickst, um gesehen zu werden. Mit deinen eigenen Erfahrungen in sozialer ehrenamtlicher Arbeit hast du mir Mut gemacht, dieses Projekt umzusetzen. Des Weiteren Danke ich allen, die diesen Betroffenen Sichtbarkeit verschaffen u. a. **Frank Schwung** (Der Biker) **Evelyn u. Dirk Reimering** (Heart Biker Germany IG) und **Patrick Kliefsth** (ShakenKids e. V.) – einfach nur DANKE

Kurze Erklärung der Steine

Warum habe ich Schutzsteine gewählt als Überschriften? Steine sind kraftvoll, voller Energie und Stärke – genau so wie die Menschen, deren Geschichte ich erzähle.

Der **Amethyst** ist ein besonderer Heilstein, sein Steckenpferd ist die Eindämmung von angstgetriebenen Gedanken, die wir nur schwer in den Griff bekommen.

Der Edelstein **Obsidian** gelangte als Schutzstein zu großer Bedeutung, denn er soll besonders gut Traumata und Blockaden lösen und Angst überwinden.

Die **Perle** soll Traumata und seelische Konflikte bewältigen und als Schutzstein vor Unheil warnen.

Der Bergkristall ist einer der ältesten Heilsteine, denn seine Bedeutung liegt im Stärken von Energien.

Das Tigerauge ist ein Schutzstein, der Durchblick in Stresssituationen geben soll und Mut bringt.

Der **Diamant** bedeutet nicht ohne Grund „der Unbezwingbare", denn er ist das härteste Material der Welt.

Der **Peridot** gilt als reinigender Heilstein, der negative Gedanken auflöst und umkehrt.

Der **Turmalin**/ der schwarze Turmalin ist der wichtigste Schutzstein vor negativen Energien.

Der Edelstein **Bernstein.** Er ist ein bedeutender Schutzstein und hilft u. a. gegen Angst und Depressionen.

Citrin gilt als Befreier von negativen Energien und motivierend.

Rubin. Dieser Edelstein schenkt Lebenskraft, Hingabe, aber auch Moral und Entschlossenheit. Durch ihn kehren Wünsche und Sehnsüchte wieder in den Alltag zurück.

Aventurinhilft dir, Selbstzweifel zu überwinden und optimistischer zu sein.

Malachit stärkt die Beobachtungsgabe und hilft dem Träger dabei, schnelle und klare Entscheidungen zu treffen.

Jade steht für Klarheit und Strukturierung, Toleranz und wirkt beruhigend.

Granat verhilft zu Kraft und regt die Selbstheilungskräfte an.

Flint stärkt die Fähigkeiten, die zur Verständigung und Kommunikation mit den Mitmenschen notwendig sind.

Jaspis ist einer der kräftigsten Schutzsteine. Er ist für Körper, Geist und Seele pure Heilung.

Der **Topas** fördert die Selbstbestimmung, den Freiheitsdrang, die Weitsichtigkeit und die Toleranz.

Der **Opal** steht für Harmonie, Lebenskraft und Wonne.

Der **Mondstein** ist kraftvolle positive Energie und schützt die Seele vor allem Bösen

Wenn man sich jetzt fragt, warum ein Rabe die Geschichten begleitet … ganz einfach: Der Rabe als Krafttier ist ein starkes Symbol. Er bringt das Verborgene ans Licht und lässt dich erkennen, was dich zurückhält und was dir Kraft gibt.

Hilfreiche Telefonnummern, die man kennen sollte (Stand 2023)

Kinderjugendhilfe: 116111
Suicideawareness: 0800-1110111
Häusliche Gewalt: 112 oder 116016
Kindernotruf: 112 oder 0500-1516001
Tiernotruf: 0800-1111515
Gewalt-/Männerhilfstelefon: 0800-1239900

Organisationen, die helfen

Toxische Beziehungen: Beratungsstelle für Betroffene und-Angehörige
https://toxische-beziehung. de/
0176-31699588 oder 0176-44278586
Drogennotruf für Betroffene und Angehörige
Deutschlandweit, Telefon: 01806 313031
Opferberatung beim Weißer Ring: www. weisser-ring. de

Missbrauch hat oft auch Folgen der Obdachlosigkeit, deshalb:

Hilfe für obdachlose und wohnungslose Menschen

www.caritas.de
Die Caritas hat bundesweit 25000 Dienste und Einrichtungen

Wohltätige Organisationen wie das **Deutsche Rote Kreuz (DKR)**die **Malteser, Heilsarmee und Bahnhofsmissionen** setzen sich seit Jahren für obdachlose und bedürftige Menschen in Deutschland ein. Neben Suppenküchen, medizinischer Betreuung und Kleiderspenden helfen viele dieser Organisationen auch bei der Suche nach Unterkunftsplätzen.
Ehrenamtliche Obdachlosenvereine helfen im Hier und Jetzt. Einfach Google-Anfrage „Obdachlosenhilfe in …“ eingeben und ihr werdet etwas finden.

Vereine, die sich **gegen Kindesmissbrauch** einsetzen, sind unter anderem auch regional zu finden. z. B. :
ShakenKids e. V. „Kinder, die überleben, lernen zu leben und wir fördern wieder das Erleben.“
www.shakenkids.de, www.silent-care-Stiftung.de
Botschafter für ShakenKids e. V. sind u. a.:
Der Biker (Frank Schwung) unterstützt Projekte gegen Kindesmissbrauch und mit seinem Song „Stummer Schrei“ sendet er eine kraftvolle Botschaft in die Welt, die den Schutz aller Kinder dient.
Heart Biker Germany IG, Motto: „Der Schutz unserer Kinder ist nicht verhandelbar.“

Fakten und Zahlen

Quelle: Bundesregierung, www.ubskm.de

Die Statistik beruht auf angezeigte Zahlen des PKS (Polizeiliche Kriminalstatistik)

Im Jahr 2022(aktuellere Zahlen gibt es derzeit nicht)wurden15500 Fälle von sexuellem Kindesmissbrauch in Deutschland zur Anzeige gebracht.

42. 075 Fälle von Verbreitung, Erwerb, Besitz und Herstellung von Missbrauchsdarstellungen, sogenannter Kinderpornografie

6. 746 Fälle von Verbreitung, Erwerb, Besitz und Herstellung von Jugendpornografie

Die nachfolgende Statistik über Kindeswohlgefährdung ist erschreckend und zeigt, wie wichtig es ist, nicht die Augen zu verschließen, sondern zu reagieren.

Knapp ein Drittel (30 %) der rund 203 700 Gefährdungseinschätzungen wurden im Jahr 2022 von der Polizei oder den Justizbehörden angeregt. Rund ein Viertel (23 %) der Hinweise auf eine mögliche Kindeswohlgefährdung kam aus der Bevölkerung – also von Verwandten, Bekannten, Nachbarn oder anonym. Dahinter folgten Einrichtungen und Dienste der Kinder- und Jugendhilfe, Erziehungshilfe u. a. (13 %). Jeweils etwa ein Zehntel der Hinweise auf die Gefährdungssituation gaben die Schulen (11 %) und die Familien selbst, also die betroffenen Minderjährigen (2 %) oder deren Eltern (7 %).

Quelle: www.destatis.de (Statistisches Bundesamt. Pressemitteilung Nr. 304, 02. 08. 23)

Des Weiteren wurden 2022 insgesamt 37. 076 Fälle von sexueller Nötigung und Vergewaltigung (Erwachsener) in der polizeilichen Kriminalstatistik erfasst.

Die jeweilige Dunkelziffer ist um ein Vielfaches höher und wird in die Millionenhöhe geschätzt.

Buchempfehlungen

Autobiografien
„Die Melodie der Steine“ von Regine Sonnleitner

„Sündenmädchen – Die Chroniken einer Schlampe“ von Jette Jansen

„Toxic“, „Nutzkind“, „Drecksweib“ und „Bastardkind“ von Lamia Flos

„Ghettokinder“ von Anais C. Miller

„Missbrauch überleben: Gespaltene Seelen“ von Melia Rosta

„Einfach nur ICH – Ich habe überlebt“ „Einfach nur ICH – und ich lebe immer noch“ „Einfach nur ICH – Janette, ein außergewöhnlicher Junkie“ und „Plötzlich war alles anders – Wie ich lernte, mit der Angst zu leben“ von Daggi Geiselmann

Fiktive stimmige Themenromane mit wahren Begebenheiten
„Sprachlos in Cornwall“ von Loreen Harper

„Charlotte – Sehnsucht nach Leben“ von Verena Dahms

Jette Jansen

Ich war kein unschuldiges Mädchen. Meine Unschuld war mir schon vor langer Zeit unfreiwillig genommen worden. Vielmehr war ich das, was die Gesellschaft in mir sah: eine Schlampe. Ich war ein Sündenmädchen durch und durch. Wie Rotkäppchen: Vom Wege abgekommen, ließ ich mich mit lüsternen Wölfen ein. Der damals achtunddreißigjährige Henri war einer davon. Er gierte nach Frischfleisch und zahlte gut dafür. Vor seiner Kamera posierte ich nackt und verkaufte meine Freundinnen wie Ware an ihn. Je jünger sie waren, desto höher fiel meine Prämie aus. Auch jetzt, fast zwanzig Jahre später, ist mein Leben noch komplett aus den Fugen geraten. Dabei habe ich es doch so sehr versucht, eine gute Mutter und anständige Frau zu sein. Alles hat man mir genommen. Fast alles. Was bleibt, ist der Humor. Und Baumwollschlüpfer in Übergröße.

„Eine Lebensgeschichte zwischen Missbrauch, Lust und Drogen, in einer Gesellschaft, die Menschen ausgrenzt. Und die trotzdem Mut machen will.“
(Hans Peter Roentgen, Literaturcoach, Lektor und Autor)

Lamia Flos

Im Gegensatz zu seinem Zwillingsbruder Jan ist Jens schüchtern und introvertiert. Während sein Bruder zu einem gut aussehenden, selbstsicheren Mann heranwächst, bleibt Jens in seiner Schüchternheit gefangen.
Nachdem er die Hoffnung auf die große Liebe schon fast aufgegeben hat, lernt er Doris kennen, die ihn zwar zum Mann macht, aber auch noch andere, sehr dunkle Eigenschaften mitbringt.
Als er begreift, was er sich mit Doris aufgehalst hat, steckt er schon zu tief im Strudel der Geschehnisse.
Das ist Jens' Geschichte.
HART UNGESCHÖNT SCHONUNGSLOS

Mit den Erlösen aus dem Buchverkauf unterstützt Lamia Flos den Weißen Ring e.V..

Besucht mich gerne auf meiner Homepage, www.regine-sonnleitner.de